根

以讀者爲其根本

莖

用生活來做支撐

葉

引發思考或功用

獲取效益或趣味

阮昭雄 政治這YOUNG也可以

阮昭雄 的政治新主張

完成天使的理想。
你必須撩撥魔鬼的力量
在這裡

師父謝長廷十年磨練
大師兄卓榮泰指名推薦

政治也可以這young——阮昭雄的政治新主張

作　　者：阮昭雄
出 版 者：葉子出版股份有限公司
發 行 人：宋宏智
企劃主編：林淑雯
文字編輯：林玫君
美術編輯：夏果有限公司・nana
封面設計：蕭青陽工作室
印　　務：許鈞棋
登 記 證：局版北市業字第677號
地　　址：台北市新生南路三段88號7樓之3
電　　話：（02）2363-5748　傳真：（02）2366-0313
訂書.讀者服務信箱：service@ycrc.com.tw
網　　址：http://www.ycrc.com.tw
郵撥帳號：19735365　戶名：葉忠賢
印　　刷：大象彩色印刷製版股份有限公司
法律顧問：北辰著作權事務所
初版一刷：2006年5月　定價：新台幣200元
I S B N：986-7609-88-3

國家圖書館出版品預行編目資料

政治也可以這young : 阮昭雄的政治新主張 / 阮昭雄著.
-- 初版. -- 臺北市 : 葉子, 2005[民94]
面； 公分. -- (三色菫)
ISBN 986-7609-88-3(平裝)
1. 政治 - 文集

570.7　94023661

總　經　銷：揚智文化事業股份有限公司
地　　址：台北市新生南路三段88號5樓之6
電　　話：(02)2366-0309
傳　　真：(02)2366-0310

浪漫與堅持

當小雄拿著這本書邀請我寫序，我很驚喜的發現，原來一個投入政治領域服務的年輕人，竟也可以在繁重而高壓力的工作中，不但堅持自己赤子之心的那一面，更加入浪漫的情懷與創意的智慧，書中所記載的點點滴滴，都留有小雄用心付出的刻痕。

一九八九年，時年三十歲的我當選台北市議員，一路走來銘心體會，能夠堅持最初動心起念的理想，是年輕人從政所必須具備的防腐劑，政壇中雖不乏更為年輕的政治人物冒出頭，但像小雄一樣不靠政治世家來提供財力物力庇蔭，完全只憑著個人一份單純的執著與不斷的自我學習來爭取更多服務舞台，這樣的青年實屬可貴。

不論是在立法院擔任我國會辦公室主任，或者是前往民進黨中央黨部來帶領青年部，小雄不論換上任何頭銜與職位，一見到他的人，永遠都能清楚感受到那股活力與朝氣，有時我看他都已忙碌完一整天，臨走前卻精神奕奕提著柔道服準備下班後的另一場廝殺練習，我深信這樣的精神與毅力，絕對可以為政壇帶來一股「健康台灣」的新氣象！

卓榮泰

現任：總統府副秘書長
經歷：
臺北市議員、立法委員、總統府副秘書長、行政院政務委員兼行政院發言人、行政院秘書長

登山之樂

初識小雄是在爲謝長廷錄製陶笛專輯的時候，他開朗的笑容和親切的態度，使我對市長的得力助手留下清爽明亮的印象。什麼樣的長官帶領什麼樣的下屬，一個是溫文儒雅的長官，一個是忠厚老實的年輕人，而兩人的工作關係居然已長達十年。這可不是一般人能堅持的吧？現在年輕人三五個月就跳槽換工作，而他竟甘心以十年的時間來追隨一個導師！

印象最深的是他的緊迫盯人。錄音室裡的工作通常是太陽下山後才開始，歌手或錄音師晚到個十五分鐘都算是正常，好像從事藝術的人都隨性慣了。可是小雄盯錄音時間就像執行政務般嚴格，每次錄音時間的前二十分鐘就陸續接到他的電話：快到了嗎？還有幾分會到？我已經到了喔！害我這個製作人也緊張兮兮，早上八點半就出門準備，不到中午就錄完音，中午還能大夥一起吃便當，創了我有史以來最早最快錄音的記錄。

後來發現他豐富的學經歷，才知道這個有著娃娃臉的秀氣男生也有嚴肅的一面。那蘊藏於胸中的經綸之志，默默地終要萌芽要伸展，我對他從此有了另一種訝異與佩服。知道他要出書，忍不住想一口氣讀完。從來沒想過政治這回事，可以用談天的方法輕鬆接近。不管對政治有多少了解，讀者都能從書中得到收穫，因爲作者慷慨地分享他親身的經歷，不只是紙上談兵。對於在門外躍躍欲試的新手來說，他引導了清楚的方向，公開他實戰的心得，而對無心從政的讀者來說，這也是本輕

推薦序

鬆導覽政治的讀物。年輕的語彙顛覆了政治予人僵硬的刻板印象，原來這眾人的事務是值得關心的，是可以用熱情去經營的，只要你對這片土地有愛。

小雄在書中所提到的登山哲學，令人讀了心有戚戚焉。原來學習與工作的過程，就像是在起伏的山路行進一樣，跌跌撞撞、辛苦挫折在所難免，重要的是能鼓舞自己維持踏實的步伐，自信地前進，做好每一件小事，有一日必能累積成大業。有開放的心胸能夠沈浸於山岳之美，就不會去計較何時到達目的地。如此謙遜而務實的智慧，是小雄抱持的處世態度，不禁令人對台灣政治的年輕力量滿懷樂觀的期待。

李欣芸

現任：專業音樂人
經歷：
2005年金馬獎電影原創音樂得主
製作《月光。薰衣草》專輯，《吃早餐》收錄於 Is Project 2
作曲及製作台積電廣告音樂《無悔的青春》瓶中信篇
製作張艾嘉執導的電影《20,30,40》主打歌「短歌」以及「Goodor Bad」
定期為數位時尚雜誌撰寫每月專欄
製作陳國富執導的電影配樂《雙瞳 – Double Vision》
前往美國波士頓柏克里音樂學院，修習爵士作曲與現代流行編曲
參與《少年耶安啦》、《我的美麗與哀愁》、《只要為你活一天》等電影配樂的編曲

改造年輕朋友對於政治印象的點滴工程

「政治是不是一門專業?」這是我十二年前，第一次抵達美國華府時，第一堂授課講員所問的問題。

帝制或戒嚴時期的國家機器，掌握的資源與人民完全不對稱，政治繼承是「傳子不傳賢」，對於陟罰臧否，興利除弊的情事，仰賴的是統治者的恩惠，非關憲政規範的權利義務。這個時期，人民在政治上只能被動支持，毫無主動改變現狀的能力。換句話說，政治是統治階級對於人民的特權，以民主的標準檢驗，人民無法實質參與決策機制。

當今的世代，台灣進入了民主鞏固的時期，我們可以對於公共事務選擇關心或不關心，其中選擇關心者又可以自由地抉擇支持或藍、或綠或無黨籍。在這個開放的年代裡，我們需要的是什麼樣特質的政治人物?在美國這樣的民主國家，就參政的途徑上，能夠經由「民選的管道」以及「專業的幕僚」等多項並行不悖的選項，依據自己條件、特質投入，也如此爲國家甄補許多政治菁英。

許多民主學者指出：「公民參與的程度與民主政治的品質有直接關聯」，在未來的台灣，如果新一代的公民選擇對於公共議題冷漠，當然不是民主體制的福音，作者昭雄兄的歷練恰可涵蓋「民選的管道」以及「專業的幕僚」二者，我個人認爲，他在書中所提到關於民主政治的點點滴滴，一定可以吸引更多年輕朋友來關心政治、參與公共論壇。整本書讀來，讓人相信政黨不必然「尙黑」，政治的過程中可以有理想、可以有高尚的情操，一筆一劃都富有昭雄兄人格特質，讓人如沐春風。請讓我試著用文字來勾勒一幅畫：

木欣欣以向榮，泉涓涓而始流。

舟搖搖以輕颺，風飄飄而吹衣。

「政治是不是一門專業？」、「民主台灣，我們需要怎麼樣的專業人士？」經過了十二年，這些問題依舊縈繞在我腦海裡，但是透過昭雄兄的大作，答案的輪廓儼然浮現。

陳建仲

現任：北美事務協調委員會副主委
經歷：
僑務委員會政務副委員長
高雄市政府駐台北聯絡處機要顧問
日本慶應大學東亞研究所訪問研究員
民進黨中央黨部謝長廷主席特別助理兼國際事務部主任、特別助理、主席室主任
美國夏威夷大學西東中心New Generation Seminar訪問學人
高雄市政府建設局局長室機要視察
台灣陸軍步兵少尉排長
立法委員謝長廷國會研究室國會助理
台大法學院胡佛教授研究室研究助理

柔道青年搞文藝

認識昭雄已有五年了，當時我們都在民進黨中央黨部服務，他擔任青年部主任，我擔任社會部主任，平日除了公事上經常交換意見外，私底下他也是一位值得信賴的朋友，由於彼此的默契還不錯，所以經常有機會一起搭檔主持晚會的活動；二〇〇四年十月立委選舉如火如荼的進行，欣霓受命徵召至台中縣參選，當時舉辦的首場募款餐會，還特地情商昭雄南下助陣，為我主持這場重要的活動。

雖然昭雄擁有「文藝青年」的外表，不過他幽默風趣的性格，且很愛說冷笑話，常讓氣氛爆笑連連，因此有「冷笑話王子」的封號。在黨部時他的辦公室在八樓，我在十樓，每次下樓去找他，總是感覺陣陣寒意襲來，不用仰賴冷氣機，只要冷笑話王子坐陣，就足以讓整個樓層涼風徐徐。

也許是受到青年朋友的感染，昭雄經常提出新的創見，他在擔任青年部主任期間，率先開辦國會助理研習班，希望藉此能培養國會助理的專業人才。為了推動友善空間的概念，他提出「友善空間　行人優先」，並與一群年輕人騎上腳踏車，在台北街頭穿梭，用心來感受這個城市的友善程度。

昭雄在政治圈中屬於「才貌雙全　智勇兼備」型，而且看起來總是熱情有勁、氣色紅潤，不知是保養有術，還是因為經常與年輕朋友相處在一起的結果。即使在升格為阮老師後，生活更加忙祿，但是他仍然腳踏實地、一步一腳印的耕耘，勤跑選區。

這本書提供給有心在政治圈闖蕩的朋友，不論是立志參與公職選舉或是想要成爲專業幕僚，都能從中獲得許多寶貴的意見，也分享許多在政治圈觀察的心得。許多政治人物都是國會助理出身，我也曾經擔任國會助理，因此更能體會從助理的角色轉變到民意代表的身分，各須具備的功夫，細讀本書，也重溫當助理時的酸甜苦辣。

前立委卓榮泰曾說「不唱不跳不給票」，言下之意，民意代表唱唱跳跳是基本的才藝表演，而我個人在經歷立委選舉後，更是親身體驗清晨四點起床，五點爬山、六點慢跑魔鬼訓練營的生活，果然體力是很重要的，相信昭雄柔道黑帶的實力，一定可以在人文薈萃的大安、文山區大顯身手。

祝福昭雄　加油！

謝欣霓

現任：立法委員
經歷：
國會助理
台南縣議員
台南縣長陳唐山競選總部副總幹事
民進黨婦女發展委員會委員
李登輝之友會理事
民進黨中央黨部社會發展部主任
高雄市長謝長廷競選總部社團部執行長
陳水扁總統競選總部社團部副主任
228守護台灣策劃小組
旅中台南同鄉會副理事長

理想還沒實現，同志仍須努力

常聽到朋友說，在台灣如果要害一個人，有兩個方法：第一，鼓勵他辦雜誌；第二，鼓勵他開工廠！其實，還有第三條路：「請他去從政」。如果你不相信，覺得政治人物有權有勢又有名，有什麼不好？請您再仔細算算看，過去有多少達官顯要，現在不是欠債、跑路、就是成爲階下囚；現在哪個當黨主席、政務官、立法委員的，不是被看成國家亂源，人人喊打。大江東去浪濤盡，千古英雄人物！從政，的確不那麼容易。

但是，台灣還有許多非常非常非常重大的政治爭議必須解決，至少國家定位、政治體制、族群問題等三大項，個人認爲都是在未來的三十年中，亟需要我們繼續高度政治參與的議題。因此，能看到有志青年小熊（阮昭雄）在一片反政治的浪潮中，還堅持理念寫了這本「政治也可以這YOUNG」，鼓勵年輕朋友前仆後繼來從政，實在不簡單，眞是個好樣的。

個人和小熊是一九九九年民進黨第九屆黨主席時代的同事，學土木工程的我擔任文宣部主任，學政治與傳播學的小熊，卻擔任比較偏向組織工作的青年部主任，看起來似乎有點錯置，但這正是年輕人培養政治第二專長的恰當安排。期間我們合作相當愉快，許多的創意跟執行就在有效率中完成。而他在任內的作爲與成績，也印證了本書中所寫到「組織是政治紮根工作」的看法。我相信，這也是他未來一飛沖天的最大本錢。

推薦序

拜讀本書的感覺，讓我突然發現小熊竟是懷抱著恆述法師精神的政治家，他把一般認爲是枯燥無味、艱險惡質、充滿人性黑暗面的政治環境，以幽默活潑的文字，把從政需要照顧的環節、可能面對的抉擇，翔實地記錄下來，並且還不忘以理念號召讀者，對政局、時勢以及國家方向提出呼籲！

雖然投入政壇，到成爲政治明星，就像美國大學球員被選入ＮＢＡ一樣，是萬中取一的機率。但爲了解決台灣政局的沉痾，個人還是時常鼓勵非法律政治學科的年輕朋友從政，希望台灣未來的政治工作者，能提供更多元的觀點和參與，解決目前困擾全國的僵局困境。【政治也可以這YOUNG】雖然看似輕鬆寫意，卻是作者個人和其他政治先進的辛酸血淚史。寓教於樂，只是博君入門，作者希望在學運熄火多年之後，再次激勵年輕人，誠有爲者亦若是也。

年輕的理想尚未實現，同志仍須繼續努力！加油吧，小熊、各位朋友。

鄭運鵬

現任：立法委員
經歷：
高雄市政府工務局機要秘書
沈富雄國會辦公室政策助理
謝長廷高雄市長競選總部發言人兼政策部主任
陳水扁總統全國競選總部廣宣部主任
民進黨文宣部主任

早該這YOUNG站出來！

第一次見到昭雄，他是民進黨青年部的主任，幽默、逗趣是我對這個年輕人的第一印象。隨著我的立委選戰開打，和他有了越來越多的接觸與合作，他一再顛覆了諺語所說的「嘴上無毛，辦事不牢」，讓我打從心裡欣賞這個看似溫文儒雅，實際上不只兩把刷子的昭雄。當然，他獨特的阮氏冷笑話，也令人難以忘記。

得知昭雄要出來參選台北市議員，我樂見其成，這樣一個有爲的青年還要讓他蟄伏在幕後多久？早該出來站在第一線上，爲民喉舌。民主進步黨最大的優點就在於年輕人有出頭的機會，就是有像昭雄這樣的人才，不斷爲黨注入新血，才讓大家覺得民進黨是個有活力、有爆發力的政黨。

謝長廷前院長也很肯定昭雄工作上的表現，對其更是讚譽有加。現今社會民眾大多對政治冷感，參與度也不高，然而政治卻是和我們的生活息息相關，從昭雄的書中你可以發現政治也可以很YOUNG，他用親身經驗告訴你從政的樂趣，而你會知道政治並不是只能單向思考，也沒有絕對正確的答案，當大家齊心協力爲同一個理念努力時，那是政治給你最珍貴的寶藏。

推薦序

一樣是青年從政，在昭雄的身上，我彷彿看見自己的投影，一樣的拼勁，一樣的對政治充滿期待，我誠摯的希望這本書能吸引更多的人來一起關懷政治，只要你生活在這裡，你就有義務和權利去了解政治。

羅文嘉

經歷：
台北市新聞處處長
民進黨中央黨部文宣部主任
行政院文建會副主委
第五屆立法委員
行政院客家委員會主委

「我是他接生的！」

皮皮（馬爾濟斯，六歲，男生）

布蘭妮（拉不拉多，五歲，女生）

可魯（拉不拉多，一歲半，男生）

吉魯（拉不拉多，一歲半，男生）

CONTENTS 目錄

PART. 1 政治這YOUNG玩

目錄 CONTENTS

CONTENTS 目錄

PART. 2 政壇氣象觀測站

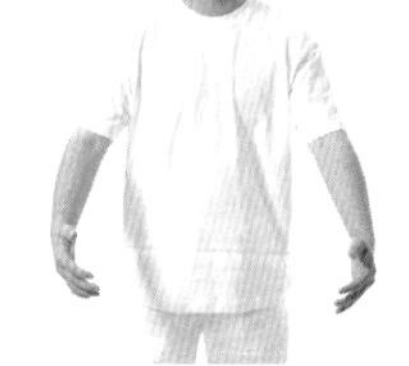

PART 1 政治這 YOUNG 玩

台灣逐漸進入政黨政治，
沒有政黨支持的政治人物，將逐漸消失。
那麼該怎樣讓政黨看到你的能力，
進而將你放入參選名單呢？

Chapter 1

公職選舉 VS.專業幕僚

■無論有沒有機會站上台，時時做好「政治功課」準沒錯！

參政不等於參選，從事政治工作並不代表一定要參選，也就是說不是只有參選才是從政。這是許多年輕人或一般大眾所會誤解的，以為只有參選才是從政，其實並不然，你看新潮流大老邱義仁和吳乃仁從未參選過公職，你能說他們不是從政，不是政治人物嗎？所以囉！參選只是從政的選擇之一。那怕你現在只是小助理、基層黨工，你都已經在從政了，你已經是「政治人物」了，只是還沒有名氣罷了！

你若是選擇參選、有參選的準備，或是打算成為專業的幕僚，那都有一番功課要做。我們就分別談談參選和幕僚工作。

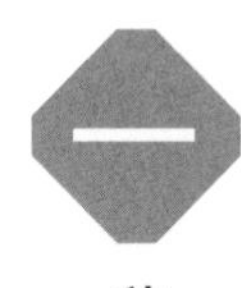

一 我要選舉

選舉是一條漫長的路，更是一條不歸路。有人投入全副心力、財產但卻無良好的成績，原因何在？其實自有其道理。

政黨背書

台灣逐漸進入政黨政治的政治文化中，現在沒有政黨奧援的候選人，已逐漸無法生存（立法院有兩百二十五名立委，無黨籍才十二位，其中還包含當選之後退黨或開除黨籍者），除了較為基層的選舉，如鄉鎮市民代表或里長等層級的選舉，無黨籍還較有空間外，在縣市議員，尤其是直轄市議員、立法委員以上層級的選舉，沒有政黨支持的政治人物將逐漸消失。

所以要當選，選一個黨加入吧！不過你得要先認同它，不然會很痛苦的。

每個政黨的提名遊戲規則不盡相同，民進黨的黨內初選競爭激烈，直轄市議員以上選舉（包括立法委員、縣市長、北高市長、總統）大都要初選，而且目前是採百分之三十黨員投票、百分之七十民意調查的初選方式，競爭之激烈不下於正式大選。而其他基層選舉（如縣市議員、鄉鎮首長或村里長等）則交由地方黨部處理提名方式後，再交中央黨部備查後實施。

國民黨、親民黨和台灣團結聯盟則提名制度較為「多元」，不過通常要跟層峰關係不能太差，而且你要能說服提名者，讓他明白你會當選的原因、相信你當選的機率非常高，畢竟大家都想提名當選機率比較高的人。

■政黨政治盛行之際，參選的第一步往往是從爭取黨內提名開始。

策略正確

「選舉無師父、策略對就有」（請用台語發音），策略方向將決定一場選戰的勝敗。策略錯了，花再多的心力，也是「沒路用」囉！

倘若選區中你的年輕形象是最突出的，打清新年輕牌是可以的；但這個選區都是年輕人，你年輕清新這件事，還是早早忘了吧！

策略定位需要區隔，而且也與選區的大小有關，競選首長跟民意代表的選舉有本質上的差異，這些策略上的擬定並不能

■舉辦學生參選權記者會。（左為立委段宜康、左二為立委卓榮泰、左三為立委陳其邁）

「一言以蔽之」，但是從歷次選舉的結果及競爭對手來進行分析，定能觀出端倪輪廓。

選個民意代表，你不用讓人人都喜歡你，你只要有比例以上的選票支持就夠了，但是要參選首長那可要走「中間路線」喔！

個人特質

一個候選人若沒有個人特質，乾脆勸他不要選啦！讓人覺得很草根、讓人覺得很有學問、讓人覺得很專業、讓人覺得很老實誠懇，這些都可以的。你必須在選區中某一項個人特質是突出的，強調個人特質，這樣的候選人才有「生命」。

像林重謨的草根性，讓許多的基層民眾喜歡，這種個人特質就非常顯著。段宜康的鬥雞性格，讓他的改革形象十分突出，是非和堅持相當執著，這也是一種個人特質。若你讓人感到是一杯「白開水」索然無味，那你如果想「白手起家」來從政，那幾乎是不可能的！個人特質要有所突顯才行，不然至少你的外表也要有所特色啊！留個小鬍子或是穿個吊帶褲也可以啊，這總比看起來跟別人沒有不一樣好多了。

專業背景

在社會分工越來越精細的今天，專業背景是一個表徵，一個可以「令人信服、信賴」的表徵。如果你是「律師」可以強調對法律的專業，若是「老師」可以強調對教育的參與和實務感受，若是「會計師」可以強調對預算的瞭解，若是「黨工」可以強調政治的正統性，若是「代書」可以為選民作一些土地資訊的諮詢。這些專業背景都必須被強調。

在以「法、政」起家的民進黨裡，律師專業或是醫師背景比比皆是，阿扁總統、謝長廷、蘇貞昌、張俊雄是律師，沈富雄、洪奇昌、柯建銘是醫師。

因爲這些專業背景在社會上有其權威性，有了專業背景的光環，選民會比較具有信任感，而這些專業的形象和內涵更是他們與民眾一線接觸時最佳利器。

專業是你「起家」的本錢，作政治工作不是要嘴巴說說，更是要具體參與服務的工作，去協助民眾解決各項生活上的難題，不然他們選出這些政治人物幹嘛？所以要表現出有協助民眾去了解問題、去「試圖」解決問題（有些問題是短期內無法解決的，甚至牽涉到法令）的能力。

■歡送吳乃仁秘書長，表演「轉吧！七彩霓虹燈」，旁邊的舞群可是很敬業喔！

懶人不要來

要選舉的人得要勤勞，你可以說我不喜歡「跑攤」，但你當選後總要開會吧！你的重要支持者總要聯繫吧！絕對不可能讓你「睡覺睡到自然醒」的。唯有「勤勞、勤勞、再勤勞」才能扮演好公職民代的角色。命理老師若說你勞碌命，恭喜你，你太適合了！所以懶人不要來。

你看阿扁總統每天要跑多少行程，選舉時一天二十幾個行程是「正常」的，選舉時你還得高興有這麼多的行程可以安排呢！選舉不只是候選人「一個人」的事，競選團隊相當重要，候選人更要以身作則，要帶動競選團隊整個氣勢和士氣，所以候選人每天都要「活跳跳」的，這樣才能將勝選的氣息感染所有的人。

各項連結

一個有當選希望的候選人，各項連結要強，怎麼說呢？

單靠一項特質或專業的單一因素是不會成功的。如總要有一些募款能力、總要有競選團隊、總要有基層組織……等等。

各項要素要平均，且能互相連結，缺一不可。像組織動員部分就要跟募款有相關，競選團隊的組成，要跟組織動員有其窗口，這些都要能互相支援。

若你現在「想」要參選，靜下心來拿出紙筆，然後寫下你在選區中熟悉的兩百個人的姓名，若完成了，恭喜你！若還有差距，那……好好加油！不然就儘早打消這個參選的念頭吧！

專業幕僚

我周邊的朋友大都會說「我只要作幕僚就好，因為選舉實在太辛苦了」。的確從事公職選舉是很辛苦的，但其實要作一個好幕僚，也非常不容易。

專業知識

作為一個好幕僚，一定要有專業知識做為「靠山」，如果你是傳播科系畢業，在媒體策略、公關運作擁有專業能力，你就能幫你的老闆處理媒體關係、媒體聯繫的工作。如果你是政治科系畢業，你得要懂什麼是總統制、什麼是內閣制、台灣又是適合什麼制度？你是財稅、金融專長，對於財稅預算的問題可以加以分析，在老闆需要這些資料時，你可以幫他分析、建議。

阿扁總統文膽——林錦昌，其文筆洗鍊、行雲流水，外文系的訓練和參與文化工作的養成，都是使得林錦昌當時獲得賞識，被延攬進入阿扁團隊的重要因素。

專業知識是你進入政治工作的鑰匙，縱使你在逐漸進入核心以後，這些專業知識或許已不再被凸顯和熟練，但別忘了這是你的本錢。

■幕僚人員在參與政治議題時，積極培養獨立思考能力及團隊共識非常重要。

政治操作

幕僚與老闆的配合，在政治層面必須要面面俱到，因為不論你的專業建議如何，政治是一個「人」的工作，所謂的「眉角」，可是大有學問。而政治操作的訓練，只有不斷地累積經驗和用心體驗，才能有所進展，要適度地融入其中，但又要適時的跳脱，以便觀察情況作正確的判斷，説起來簡單，做起來可不容易了。

政治操作必須要冷靜，獨立判斷的能力相當重要，要相當明瞭目標爲何？成本的付出多少？短、中、長程的利益爲何？而這些判斷往往都在非常緊迫的時間內就要完成。

初期或許並無法參與太多核心的政治操作，但是從旁觀察是一個相當重要的方法，所以只要有機會「近距離」的參與，不管是參與哪一個環節都應該盡力而為。

參與核心

作為一個幕僚，當然希望可以參與核心工作，但這需要時間，需要信任和默契，任何一個政治人物和他的幕僚，都需要彼此一段時間的磨合。了解老闆的心相當重要，做為一位幕僚當然希望可以參與決策。我個人認為老闆的所作所為，跟自己的價值觀要相近，如此才會得心應手，才能夠將你的才華大為發揮，更重要的是，工作起來才會快樂！

而身為一位核心幕僚，有其工作倫理，嘴巴緊是其中一項重要特質。不然到處將機密討論的內容，脫口而出，甚至添油加醋，豈不是「養老鼠咬布袋」嗎？所以忠誠度是這些政治人物在培養班底（核心幕僚）時一個相當重要的指標。一種互相信任的基礎是參與核心運作相當重要的關鍵，就不是能力強弱的問題，這種默契的培養是無可取代的，常常是一個眼神，就得知道老闆的心意，即時完成所交付的任務。

隨老闆沉浮

常言道：「政治路是一條不歸路」。跟著老闆常常會因為定期的改選或老闆轉換跑道而有所風險，路途順者就像是馬永成、羅文嘉一般，隨著老闆一路往上走，有機會「鳥瞰」社會，但不是每個老闆都是阿扁，就算是阿扁也曾經落選過，所以工作的「保固期」是有期限的。但是要知道幕僚工作可以是有形、有其職務的，也可以是無形、沒有職務的。常常有可能在「正式」的運作機制內，突然就因為老闆的「前途」有變，大家可能要「暫時」轉換跑道和心情，等待下一段「挑戰」的開始，像阿扁總統台北市長連任失利後，其市府團隊各自去「自修」一樣。

擔任幕僚的人要隨時有跟著老闆沉浮的心理準備。政治工作是極度「壓迫」的工作，常常是要在很短的時間將任務完成，是強迫成長的好「法門」。

■抬轎比坐轎費力，但轎子裡的那個人也絕不輕鬆。一旦選錯行進方向，下次或許就沒轎子可乘了。

老闆才是需要負責的人

我總相信做政治工作的人，多少有著些許的理想性，不但對自己參與政治有所期許，對自己的老闆也一定會有一些「要求」。而這些老闆參與政治時間一久，多少會逐漸往「現實」邊線轉移，或許已不再那麼衝了，你年輕會希望老闆「衝衝衝」，卻忘了政治路是要「長長久久」的。或許到這裡，你會有所怨言，老闆！你要有GUTS啊！

但是，你要知道承擔後果的是老闆，不是幕僚的你，身為幕僚的人，要提供老闆充分的資訊判斷和建議，其他就由老闆依他自己的「政治智慧」去決定了。所以當老闆的決定，跟我們的建議不一樣時，不要唉唉叫！若是不爽，那就只好選擇離開囉！畢竟那是他的「政治生命」，老闆才是那個需要負責任的人。

■「進步火車頭，中央加油團」開拔到嘉義縣為陳明文縣長輔選。（左至右：秘書處副主任夏梓晏、婦女部主任何碧珍、財委會執行長張鴻銘、黨主席謝長廷、組織部副主任謝明璋、青年部主任阮昭雄）

Chapter 2

小助理看三小 入深山學功夫

在助理的工作裡，多看些資料、多消化各種訊息，也多跟資深的老助理互動，他們不但引你早些入門，也可以告訴你該行的江湖險惡，如此才不會「中毒」還不知道要找解藥。

■政治人物除了要為民喉舌，更要有實際解決問題的魄力。

「助理」工作，是許多年輕一輩政治人物當時「誤入歧途」的開始，像是年輕一輩的立委羅文嘉、卓榮泰、段宜康、蕭美琴等。當然他們都當過不同政治領導人的助理，這些許多不同的經驗，可以讓願意從助理開始歷練政治工作的你們參考參考。我個人也曾當過助理，工作上也認識許多助理，在民進黨中央黨部青年部主任期間，更是在訓練助理。

民進黨前中央黨部秘書長吳乃仁（人稱乃公）曾說政治工作者的養成就像醫生一樣，從醫學院的訓練，然後要經過實習醫師、住院醫師、主治醫師……一路養成，才能成為一個好醫師、一位名醫。所以囉！助理可有許多的甘苦談。

羅文嘉的老闆是當今的「大老闆」阿扁總統，而羅文嘉更是那種老闆一路往前走、向上攀升，而自己也隨之往前走的最佳例子（我可沒說是「一人得道、雞犬升天」）。許多年輕人會選擇國會助理的工作，更是受到羅文嘉、馬永成的「遺毒」，不知助理「慘無人道」的故事，所以憧憬助理的工作，尤其是國會助理。許多年輕人總是期待他們遇到的老闆是另一個阿扁，其實他們「想太多了」，這可是可遇不可求的。

卓榮泰則是另一種類型，卓榮泰是前行政院長謝長廷在擔任台北市議員時的助理（歷史更久遠囉！），所以在謝長廷從議員參選立委時，卓榮泰就隨即參選台北市議員，成為謝長廷的大弟子、接班人，有一種老闆的位置空出來接班的味道。這種接班人的「邏輯」常常出現在台灣的選舉裡，尤其是民進黨這種派系林立的黨內。不過這可不是萬靈丹，因為除了老闆要夠「大卡」外，自己可也要像個樣子才行，不然誰也扶你不起，就算你是小布希的接班人也不行。

段宜康曾是民進黨五連任資深立委洪奇昌的助理，所屬的新潮流派系培養年輕人更是「有一套」。

民進黨現今三十五歲以下的國會議員、縣市議員有部分不是新潮流的成員，就是跟新潮流的關係密切，而新潮流對助理的訓練更是有一套完整的「培訓計畫」，簡直就像軍校在訓練軍官。

新潮流在民進黨地方執政的縣市還算不少，民進黨執政的十個縣市，新潮流就佔了四個（二〇〇一年到二〇〇五年：宜蘭縣長劉守成、彰化縣長翁金珠、台南縣長蘇煥智、高雄縣長楊秋興）。他們也非常有心讓年輕人可以進入地方縣市政府歷練，不論是擔任機要或是局處首長，像段宜康就擔任過澎湖縣長高植澎的機要秘書。所以在陳水扁、謝長廷、蘇貞昌這些民進黨閃亮政治明星廣用年輕人的同時，新潮流早就身體力行，大量重用年輕人，這也是新潮流之所以在民進黨內突出、比起其他派系堅強的地方。畢竟給自己多一些「未來性」是很重要的，一個政黨如果重視年輕人，也才會有未來性。

不過要進入新潮流可不是簡單的事情，除了要有派系大老的推薦外，更要經過新潮流有計畫的觀察和訓練，才能正式「入流」。當然政治的分分合合是在所難免，所以在新潮流發展的過程，也跟其他民進黨的派系一樣，也有人因為政治理念不合或利益衝突而離開。我們這些年輕、在政治上也有過位置而未入或不入新潮流的人，常開玩笑說自己是「不入流」。當然新潮流在民進黨逐漸成長的過程中，現今已逐漸成為「主流」了。

蕭美琴是另外一種典型，在美國讀書時曾是副總統呂秀蓮的助理，參與許多台灣國際事務的工作，流利外語和對國際事務的觀察學習，更使她成為在民進黨新生代中對國際事務專業領域的翹楚。

蕭美琴二十五歲時，被當時的民進黨主席許信良（老許，黨內對許信良的暱稱）拔擢為中央黨部國際事務部主任，創下民進黨最年輕的一級主管紀錄（謝長廷擔任黨主席時，二十八歲的鄭運鵬，擔任文宣部主任，同樣引起注意）。這種以專業背景取勝的方式，也是年輕人選擇從政的途徑之一。

不過不要以為蕭美琴是如此規劃自己的政治生涯，據蕭美琴說若不是「新新聞」雜誌毫無根據的緋聞事件，她可能不會願意提早或根本不會躍上第一線參選立委。由此可知，計畫永遠跟不上變化！

看看上述的例子，這些人的老闆在民進黨內和台灣政壇上可說是「喊水會結凍」的政治巨星（不止是明星而已），而這些政治明星在政治路途上的表現，助理群扮演著十分重要的角色，像阿扁總統在擔任立委期間就

曾同時擁有二十多位助理（號稱第一），為其問政提供協助；謝長廷、洪奇昌、呂秀蓮同樣對助理群的要求也非常嚴格。他們會有如此的光景，助理扮演了重要的角色，他們也都是非常值得學習的「好師父」。

這樣聽起來「助理」倒是挺重要的，但助理的生涯有許多的酸甜苦辣不足為外人道。助理中有的平步青雲、有的身懷絕技、有的半途落跑、有的鬱鬱寡歡。在廣大青年政治工作者的競爭中，如何尋求定位、如何自我要求、如何在茫茫助理群、眾多預備養成人才中力求突出，是需要一番努力的。

助理的工作在我看來，倒比較像武林中人入深山學功夫，如張無忌、令狐沖一類的人物。我常比喻自己像是一個少林寺和尚，在少林寺裡學會少林金剛爪、少林拳後，又到武當派學太極拳、到華山派學華山劍法，改天可能要到峨眉派學功夫，若能一夕之間學好九陽神功、乾坤大挪移那就更好了。

所以與其說找一個好老闆，倒不如說尋求良師來得貼切。據我個人觀察，民進黨的政治人物基本上還算是喜歡與年輕人聊天互動的（這或許因為「小時候」大老們對他們也是如此），這種與年輕人貼近的感覺，是民進黨內菁英一種特殊且很好的文化，所以就年輕人而言，是一個好機會。

擔任助理時因爲能近距離觀察，使得不論是對政治的運作、政治的利害分析、政治人物間互動、和民衆的互動（尤其是杜仔腳）都較能累積心得，這些都是很好的學習教本。

■國會助理研習班結訓座談，時為黨主席的謝長廷與青年學子進行一場精彩的對談。我們兩個人的表情有趣吧？

一 師父類型可有很多種

嚴師嚴父型

有許多政治人物，尤其是民進黨目前檯面上這些大卡司們大都屬於這種類型，不過少數中生代的政治人物，也有此類型的。

這一類型的師父大多嚴肅、有威嚴，對助理們常常是不假辭色，對於助理的要求非常的高，對於工作效率的要求更是嚴格，常常是上午交代事情，下午就要完成，你心中自是「幹」聲連連。不過他們通常自我要求也非常高，所以對助理的各項要求標準自然就高。

在這種老闆底下做事當然痛苦，除非自己有被虐傾向，不然一定會感到辛苦的，有時還會覺得沒人性。但跟著這種類型的老闆，卻可以學到很多，他們也常常是不吝嗇地教你兩招功夫。一些突發的狀況，是老闆、師父要給你的考題，你可得把他做完、做好，所以說要出頭天，你得要熬喔！

兄弟姊妹型

大家就像是一家人一樣，老闆和夥計的界線不大，會有一種大家一起打拚事業的感受。由於年齡相近或像一家人般，所以在對老闆在政策或政治處理上的建議較能溝通，自己也比較有成就感。這類型的政治人物通常比較年輕，不過不要以為他們年輕就比較好搞，沒的事！他們可不是第一天出來江湖混的！

選擇老闆時，若是年紀比較相近時，互動比較沒有壓力，建議也較會被採納接受，但是在政治的運作上也常常因爲年輕，「大家」都沒經驗，雖然做事較有效率，但是「效能」卻不見得多高啊！

這種「你兄我弟」型的老闆，對於年輕助理而言成就感會比較高，一種共同成長的感覺，那是其他類型的老闆所沒有的特質。

諄諄善誘型

應該快絕跡了，因為政治人物到了一定位階之後，通常都會有一些「自以為是」的傾向，所以要老子「好好跟你說」通常很難，不過也不是沒有。通常此種類型的老闆對助理的要求較為人性，也比較容易溝通。若是你可以隨時自我要求，這種老闆可以跟，不然你可會養成「混水摸魚」的習慣，這樣你的政治前途就要「莎呦啦哪」了！

自我的戰鬥力就很重要了，通常這類型的老闆比較溫和，問政風格比較平實，當然個人風格也就比較不突出，作一個助理成就感就比較不能從「虛華」中滿足，所以就好好擬法案吧！

好助理必須具備下列「三小」

眼光不可小

不要以為自己當個助理沒啥前途，除了我們提到有這麼多年輕立委曾經有過助理的經驗外，在總統府參與機要工作的年輕秘書們，十之八九也都有助理的經驗。所以要把這些歷練當作自己閉關修練的過程，不論是在立法院、地方服務處或是地方議會擔任助理都是如此，因為政治權力的運作場域中，這些位置是最容易去觀察的，好好觀察、好好學、甚至偷偷學，會很有收穫的。

年輕就是本錢，眼光放遠，除了自我的規劃外，老闆在政治路上是否「有所堅持」是很重要的，一個走正道的老闆才值得你花費青春歲月，不然就救不回來囉！

學習不可小

在助理的工作裡，你會接觸到許多資料和資訊，那些都是寶，都是十分寶貴的寶貝，多看些資料、多消化各種訊息，那些都是武林密笈，都是教你如何在江湖上行走的教戰守則，更是你累積專業重要的法寶。

■珍惜每一次主持活動的機會，同時也練練口才囉！（擔任民進黨青年部主任時，主持DPP活力啦啦隊助選團出發記者會）

也多跟資深的老助理互動，他們就像一座寶庫一樣，有著挖掘不完的「黃金」，不但引你早些入門，也可以告訴你該行的江湖險惡，如此才不會「中毒」還不知道要找解藥。

不可以爲自己是「三小」

有人開玩笑當助理容易學壞，當自己還不是「什麼」的時候，由於公職助理的光環，就亂搞特權。有人對行政單位官員大小聲（有些政府官員都可以當你爸媽了！），或是你可以不用預約排隊，就可以買到火車票（這是台灣鐵路局對立委辦公室的公關優待），你可以吃到農委會送的高級水果，你可以……

當政府官員對你畢恭畢敬時，可不要以為自己很行，你只不過是狐假虎威，官員是看在你老闆的面子上，不當助理時，你不過是一隻病貓。所以在當助理期間，廣結善緣是很重要的，對於公事，「意志堅決、態度和緩」是最高原則。也有許多助理在離職之後，仍然與國會（府會）聯絡人保持很好互動關係，這對你未來政治路途會有灌頂加持、功力大增的功用，因為總有一天你會需要他們的。他們不只可以協助各項案子的進行，更可以成為我們的「顧問」，在公務體系中，這些公務人員可比我們在行多了！

早日拋棄這些「壞習慣」吧，搞特權或許可以短暫地「爽」一下，以為自己是個什麼似的，但是政治路「長長久久」，這種不良的習慣是不長久的。年輕的我們，從事政治工作應該更要有健康的心態。

幫助他人處理陳情案件，或許對我們而言不過是一件個案，但對陳情人而言可能是一家子生存的問題。善用老闆的職權，作一些對社會有意義的事吧！

簡而言之，年輕人在政治工作的入門，助理工作會是一項極佳選擇。

Chapter 3

搞政治總要有理想性吧！

我是一個「貪心」的人，我希望這些「社會進步」的願望可以早些達成，
也希望社會也會因為我一點點的努力而有不同的風景，
這種無可救藥的樂觀，讓我一直認為只要我們付出一些心力，
社會就會進步，民眾的生活就會有所改善。

韋伯：「政治必須撩撥魔鬼的力量來完成天使的理想。」

我認為：「政治工作是志業、是社會分工進步動力的一部分。」

搞政治在「古時候」一不小心可能會惹來殺身之禍，看看美麗島事件那些前輩就知曉，「政治」這個東西在以前可是碰不得的，尤其是「反對者」。但是今天台灣已逐漸邁向民主的道路，搞政治工作除了社會形象不是很好之外（看看立法院委員諸公們的民意滿意度就可知曉），倒已經是人生的選項之一了。

「初衷」！做每一件事都有初衷，那個在心中最原始的脈動，像是化學作用般地，催促著我們要去做某一件事。我會投身政治工作也是有原因的，那個初衷我永遠也不會忘。每個人都應該在獨處時回想一下「初衷」，往前走的力量就會再度出現，要你繼續向前走，搞政治總要有理想性吧！

會想要「做政治」，我想是從小到大「想太多」，那顆「理想樹」從幼苗開始漸漸長大，希望可以跟大樹一樣，幫大家遮遮陽、擋擋風。一起來看看這棵政治的「理想樹」是如何成長的。

幼弱樹苗期，紮根體力與毅力

■主持DPP大型造勢晚會，這種大場面，讓人很High喔！

不知道從什麼時候開始喜歡運動，小時候身體不是很好，由於車禍的緣故常常流鼻血，於是運動就成了我健身鍛鍊的好方法。

小學和大學時我都是柔道校隊，拿過全國個人組的亞軍，曾經也有小小的志願，希望自己可以成為國手，為國爭光奪得奧運金牌。不但從柔道的訓練中練好了身體，更學習了武學的精神，每次的練習我從未缺席，意志力的養成從小開始。

作政治工作「意志力」是很重要的，看看阿扁總統、阿輝伯、宋楚瑜這些檯面上的人物，意志力的展現使得他們特別有魅力。從此我不但養成了運動的好習慣，連帶著也喜歡看體育節目，不論是少棒、籃球、各項球類，乃至那時還十分稀少的國外體育節目我都不放過。

只是在舊三台的時代，哪有什麼體育節目可看！台灣就像是一個封閉的小島，不但外界的訊息是封閉的，連體育節目也遭到波及。我那小小的心靈，就一直希望台灣有個電視台可以常常播體育節目，可以讓我這個體育迷看個過癮。

長大後我才知道原來這個就是「體育台」，也就是「有線電視」開放後可以有的選擇。台灣如果早一點有「緯來體育台」、有「ESPN」的話，那我小時的生活一定更加多彩多姿，台灣遲至近十多年才開放，全都是政治因素。

懵懂小樹期，萌生不解和質疑

國中時極愛念歷史，對於書本中的歷史人物總有一些憧憬，不管是大漢國威抑或三國風雲，還是清朝傳奇（這可不是線上遊戲），這些在我青澀的年少歲月中，有著清楚的痕跡，使得我年少的腦袋全部都是這些「古事」，連各朝代的皇帝年號，我都如數家珍啊！

在一次全校的考試中，我的歷史分數全校第一，但是全校卻有半數以上的同學不及格，原因是考的太難了。那時我就想：「讀歷史有那麼難嗎？為什麼老師不能用比較有趣的方式教學生，又為什麼不能把歷史課本的內容搬上螢幕，用戲劇的方式讓知識變得易懂又有趣？有沒有一家電視台可以不會為了收視率，製作這些有教育意義的節目？」這些問號一直在我心中迴盪，後來我才又知道這就是「公共電視」和「教育改革」。

學習應該是快樂的，在我這個五年級後段班小孩的時代，填鴨式的教育成了我們唯一的選擇，並且又在新舊教材交接中，小我一歲的妹妹念了「地球科學」，而我卻沒有。教育改革在當時「只聞樓梯響、不見人下來」，大家都在癡癡的等，就是不知何時才能開始改革……

這一次的悸動跟「電視」又有了關係，從小我就愛看電視，如果台灣早一點有「公共電視」、早一點有「DISCOVERY」等等知識頻道，或許在慘綠少年的時代，我會學得更多、知道更多，並且可以確定的是——一定會快樂得多！

風雨成長期，決心奉獻一己之力

重考的那段日子裡，天天到南陽街報到，路上常有老人家在賣口香糖，那種情景讓我的心情常常「糾結在一起」。望著老人家的背影，總覺得政府在搞什麼啊？書本不是跟我們說「老有所養」嗎？但是這些老人卻必須日曬雨淋才能顧飽自己的肚子！於是我下了公車後就會固定跟一位老太太買口香糖，希望我的一點點「小小力量」可以幫助她，讓她的生活好過一點。

但日子久了，我開始問自己：「每天這樣買條口香糖，真的對她有幫助嗎？」這樣的問號一直在我心裡，或許應該有更好、更快的方法可以幫助她吧！

後來我才又知道這就是「社會福利」，也唯有透過社會福利的資源才能給更多老人有尊嚴的生活。

我是一個「貪心」的人，我希望透過「教育改革」，讓下一代可以快樂學習；我希望從事「媒體改造」，讓我們擁有乾淨、有意義的媒體天空；我希望台灣可以是一個「福利國家」，讓小時候念的「世界大同」可以有實現的一天。

或許我可以當「社工」來幫助老人家，或許我可以當「老師」培養我的學生將來可以推動這些工作。但是我是一個「貪心」的人，我希望這些「社會進步」的願望可以早些達成，也希望社會也會因為我一點點的努力而有不同的風景，這種無可救藥的樂觀，讓我一直認為只要我們付出一些心力，社會就會進步，民眾的生活就會有所改善。我可不想在看著老人家的背影時，只能鼻酸任由心裡難過，但卻絲毫無能為力，我要社會可以改變。

人生的光陰不過數十寒暑，每一個要留在人世間的東西或許各有不同，有人擁有億萬財富，留給子孫發揚光大，為社會創造更多就業人口，這也是良善之事。有人傳播福音、傳播道理，讓世人心靈有所依歸，有所歸屬，這何嘗不也是良善之事？

■前往台東為黨籍候選人助選，這個動作還滿像一回事的。（左為主席特助陳建仲、右為國際部主任田欣，現為台北市議員）

做政治工作也是如此，看到一條馬路因為我們的一絲絲努力，通過預算而修好，好讓爸爸們可以更早一點回家吃晚飯；看到陳情案件的處理完成，陳情人一家子，露出一絲絲的笑容。對我而言，那是一種滿足，更是一種入世的修行。

政治工作是個高風險、高消耗的「工作」，通常我很少稱它為一份

「工作」，因為它並不只是一份讓人「餬口」的職業，它應該有更高的「價值」來「誘使」人們參與。記得小時候父親買的黨外雜誌和書籍，記得當年的野百合學運，要「萬年國代立委」下台，那時的「革命」情懷，一直一直在我小小的心靈留下深刻記痕。看看這些台灣政治的進步往往都只是一瞬間的過程，政治工作是可以讓社會進步「最快」的手段，於是，我決定幹了！

在猶豫徬徨的時候，到心裡的「理想樹」下逛逛走走、坐坐想想，會再給自己一股清新的力量。

不過要搞政治的你，除了堅持理想性之外，更要有以下的認知喔！

愛錢的不要來搞政治

政治跟「錢」的關係特別敏感，看看每一場大選舉，每每與金錢扯上關係都會「沒完沒了」，加上台灣「陽光法案」等相關法令都還未完備，使得「政商」關係就特別引人注目。擁有權力的人，需要特別的道德標準來監督，不然「權力的傲慢」將會逐漸腐蝕人心。

但是在現今的選舉的狀況，沒個幾毛錢是無法成事的，所以募款就成了我們這些小毛頭想要選舉的瓶頸，募款的方式和功力我們將在另外篇幅說明。但是既然無法避免募款，並且已是民主政治的常態，那要如何拿捏與贊助者之間的關係就成了一門學問。

看看二〇〇四年總統大選，陳由豪大爆他捐款給阿扁總統的事件，對當時選戰而言也成了重要話題之一，可見「募款」可要特別小心喔！其實光明正大透明地接受捐款這些都沒問題。最怕的就是很愛錢又要搞政治，那樣難保募個款不會貪得無厭，而走向金錢誘惑的無底深淵。

所以囉！愛錢的就去好好賺錢，不要來搞政治。

使命感

做政治是要有使命感的，不然在權力的角力場中，每一次的鬥爭，都會使人消耗掉一些「人味」，在這個醬缸中浸久了，還會覺得自己臭了。如果有一天連自己都不喜歡自己，都不知道自己「為何而戰」、「為何而做」時，那就是人生的悲哀了。

支撐自己（至少是我自己）做政治的動能，「使命感」是一種無可取代的燃料。要不時地添加燃料，政治路走起來才會比較快樂些，你的後輩也才會尊敬你，這樣「玩」政治才算有點意思！

政治路上好修行

紅塵俗世中，處處都是修行的好所在，一舉一動或是不舉不動，其實都充滿禪意。紛紛擾擾的政治事務，更是人生入世的好修行。政治的紛雜，有時是檢驗一個人的關鍵，要如何沉住氣，堅持理想，在天使與魔鬼的拔河中站穩腳跟，是一個嚴肅的考驗。

民眾的陳情案或是公共建設，或許對我們而言是一件小事，但是或許是人家一家子的事，是他們可能可以避免餐風露宿或是有關身家財產的大事。

不要覺得在政治的公共事務上，有些事情看起來不起眼，不要覺得陳情人很煩（有時他們真的是很煩），這件事對他們而言一定很重要，不然他幹嘛煩你呢？幫他處理圓滿，也是功德一件啊！對我們青年人而言這更是一項重要的社會大學學分，社會的多重面向將如海浪般湧來，你將發現社會真正的「真實面」。

政治海茫茫

芸芸眾生中，搞政治的人何其多，有人滿腔熱血一股腦兒投入，有人懵懵懂懂地成了政治人物，但不管是什麼原因，唯一可以確定的是過程中

有太多人「陣亡」了。在這浮浮沉沉的「政治海」中，有時得靠一條浮木來維持生存，就算幸運地靠了一艘「大戰艦」，但是何時被擊沉可沒個準啊！

所以要有這樣的認知，才能有所進退。在這個「政治海」中，得要隨時充實「泳技」才行啊！

隨時激勵自己

隨時鼓勵自己，要知道這是一個高風險、高耗損的工作，給自己多一點鼓勵，隨時給自己加油加油吧！

Chapter 4

會選不賄選

作為政治人物，你需要了解社會各角落的需求以確保自己的敏感度，因為在「官越做越大」時，越有可能落入一種封閉的狀態，對於民意的掌控就會逐漸喪失優勢。

選舉可不是用來「玩」部分較多，其實這些都只是的，處處是真槍實彈，每一位候選人在參選前都要有相當的思考才決定投入。過去的選舉「賄聲賄影」，買票、賣票風聲不斷，這些或許是民主發展過程中必經之痛。但是隨著台灣民主工作進程，賄選已逐漸成為歷史名詞，在高雄市議長賄選案檢調單位快刀斬亂麻之後，相信台灣的選舉應該會乾淨許多，如今選舉要憑藉著真才實學，才能經得起考驗。

以下所談，以「技術」部分較多，其實這些都只是「術」的層級，並沒有一定的規則可循，我只是提供一些經驗。雖然並不是太喜歡談這些，但是經驗交流仍是重要的，因此我寫下個人拙見以供各位參考。

一 組織

許多年輕的政治工作者老是喜歡搞文宣，總覺得這樣比較像「文人雅士」，組織彷彿是「老人」的工作，跟基層搞好關係要有社交能力才行。其實並不盡然，年輕人有年輕的優勢跟特質，一樣可以把組織搞好。

組織工作是「根」，根基紮實了，在政治選舉的競爭中才能脫穎而出。現在組織工作必須要科學化，名單的建立是第一步，將名單依照屬性分類，如地區（是否是選區內）、工作性質（專業背景，有時可以互通有無）、支持者的特點等等，這些都是必須的功課。當然名單建立是相當重要的，但是名單是「死」的，這怎樣活用才是重點。

定期拜訪

所謂「見面三分情」，如果你支持者都只是「名單支持者」，那些都是「假」的，因爲沒有互動，所有一切都是零。

但是不可能每個支持者或是投票給你的人，你都有辦法面對面接觸，所以就一些「重要」的支持者，必須表列出來定期拜訪，這樣才能保持一個與支持者「動態」的互動關係，這可是很重要的，所以「勤跑」是一個相當重要的原理原則。要留意的是每次拜訪所待的時間不可過長，以免造成對方的困擾，但是定期拜訪仍是必須的。

了解需求

作為一個政治人物，要了解民眾在想些什麼，絲毫不能與社會脫節，畢竟要掌握社會潮流，才能掌握民意，在政治環境中長存。你需要了解社會各角落的需求以確保自己的敏感度，因為在「官越做越大」時，越有可能落入一種封閉的狀態，對於民意的掌控就會逐漸喪失優勢，這也是造成政黨輪替一個相當關鍵的因素。

建立依屬關係

支持者要的不見得是什麼「特權」，有時在意的只是對政治人物的接近性，對於整個團隊有參與感。要知道人民是有智慧的，對於生活「細節」則更加有感受。所以適時地讓支持者有一些參與，建立一個相互依屬的關係，不只可以讓支持者更有向心力，也可讓政治人物有所成長、掌握民情。

■為了展現團結一致的決心，輔選團隊一起為高雄縣縣長楊秋興助選。

二 文宣

如果說「組織」是槍砲，那文宣就是子彈、彈藥。一般大眾對於政治事務的了解，首先接觸到的其中一個管道就是「政治文宣」。目前檯面上的政治人物有些也是搞文宣出身的，像是羅文嘉、鄭運鵬、蔡正元、黃義交等。一般大眾對政治文宣有一定程度的「防衛性」，所以要做出有「效度」的政治文宣是一門學問。

平時VS.戰時

一般而言政治文宣可分成「平時」跟「戰時」，平時就要與民眾有所互動，有些立委會做所謂的「問政通訊」來跟支持者保持互動，不過這只是消極性的功能，告訴支持者你還「活著」罷了，然而還是得做。

另外，一般大眾比較熟悉的就是「戰時」的文宣。在選戰期間，雙方（或多方）短兵相接、你來我往，攻擊摧毀性的文宣居多，雖然在道德上並不鼓勵，但是在選戰這個時間空間極度壓縮的狀態中，攻擊性（負面）文宣有其一定的效果。

形式多樣，但要適合

政治文宣形式相當多樣，要配合候選人本身的特質加以設計，像台聯年輕的高雄市議員趙天麟的「螞蟻車」就是利用台聯的吉祥物螞蟻，將宣傳車設計成螞蟻的樣子，展現出自己年輕有創意的特質。

一般相當多政治人物採用的「面紙文宣」就不見得每個人都適合，想想民眾會在什麼時候用到你的面紙，上廁所或是……所以囉！文宣要配合候選人的形象來設定。

三 耳語

耳語相當恐怖，這是文宣跟組織最緊密結合的方式之一，透過耳語系統，將所要傳達的訊息，在人心不設防的狀態底下，攻其不備，是一個相當「狠毒」的選舉技巧，有其道德的危險性，但如果傳遞的訊息是「事實」的話，就較具正當性了。

資料收集

雖然耳語不甚道德，但要有事實根據，如此的耳語才會有效果，所以資料收集就相當有學問了。這跟組織的佈線有相當的關係，需要全面性的收集資料，因為掌握完整資訊的人才能夠掌握先機。民進黨的「柴契爾夫人」部隊就扮演了如此的角色，而設置「輿情部」更是為了在第一時間掌握地方資情，以作為耳語攻勢所需。

危機處理

發動耳語攻勢的同時，也要防範對方進行耳語攻擊。所以除了掌握各方訊息以便展開攻勢，更可以了解有無對自己不利的耳語流傳，以利危機處理所需。

媒體

每個政治人物對媒體都是「既期待又怕受傷害」，許多政治人物之所以崛起也跟媒體息息相關，因為媒體寵兒在政治上可以得分不少。所以囉！莫忘以誠懇之心對待媒體，記者朋友也是人，人與人之間的互動，以誠相待很重要。

坦白跟誠實是不一樣的，坦白是「人家沒問你，你也說」，誠實則是「人家問了，你才說」。所以囉！對於記者媒體朋友的確需要「誠實」，坦白則不一定。

不可大小眼

不要以為大媒體才有力量，在媒體人才流動相當頻繁的狀況下，你所忽視的那個「小記者」，可能明天就到大媒體工作，成了一個大記者。所以一視同仁相當重要，不要動不動就拿翹，「以誠待人」就對了。

掌握特性

各個媒體有其不同的需求，電子媒體、平面報紙、平面雜誌甚至網路電子報，都有不同的特質。掌握每一種媒體的特性，去做一些適度的配合，像是截稿時間，SNG的配合狀況等等，都是要注意的。

■面對媒體，絕對少不了一顆誠實而尊重的心。

五 募款

募款是一個大工程，對於年輕從政的人而言，若想要走選舉公職路線，募款的工作是免不了的。陽光法案的完備，對於新一輩的我們是有利的，唯有如此，金錢與政治的界線才能明白。

建立名單

這就是所謂的「金主名單」。其實政治工作者跟「和尚」有一些相同，都需要「托缽」，透過社會大眾的支援來完成志業。建立名單，就名單內的「朋友」同支持者名單加以分類，其實支持者通常就是金主之一，所以在「技術」上與組織的建立方式相同。

帳目明確

募款工作最介意就是帳目不清，因為募款狀況公開透明地處理，才能取信於支持者，畢竟這些捐款「理論」上是給參選人作為選舉之用，不是要給參選人私下吃喝玩樂用的，這是一個相當重要的前提，所以「專款專用」是一項原則。像新黨大老王建煊，將募款得來的款項相當透明地運用，就是一個很好的作法，畢竟有太多政治人物都「中飽私囊」了。

小額募款

募款除了要「鈔票」外也要「選票」，小額募款不但比較不會有糾紛和過大的人情壓力，除此之外，更可以將募款層面擴大，每一筆「小錢」也代表每一張「選票」。所以小額募款已逐漸成為趨勢，也將為台灣政治文化帶來另一番氣象。

六 口號（口水）與政見

參選期間政見是不可缺的，在政治「理論」上，政見是選民決定投下神聖一票的關鍵，然而真實情況並非如此樂觀，畢竟有部分選舉的投票行為，還是建立在於地域、族群、人情的前提下。不過在台灣民主化過程中，政見將成為主流。

當你設定政見的時候，需要考量以下三個要素：

具體可落實

政見若只是口號甚至只是「口水」，那是一種悲哀，所以政見要具體並且是可以落實、可以檢驗的。將競選支票兌現了，連任就不是太大的問題，單一席次的首長選舉尤是如此。

議題設定（分衆）

選舉時每個參選人所提出的政見多如牛毛，在競爭如此激烈的「政治市場」中若要脫穎而出，就要凸顯個人特質。政見也是如此，要針對各階層選民不同的需求提出看法，並且規劃出解決方案，才能說到選民的「心坎」裡。

大格局、理想性、操作性

除了技術性的「解決式」政見外，所呈現的格局更要具有理想性，並且不要忽略可操作性。「大格局、理想性、操作性」缺一不可，不然就只是不營養的口水而已。

一雙腳趴趴走

作為一個「選舉」出身的公職，沒到處跑跑，是一件糟糕的事，至少選區內也要兼顧一下，當然在都會區選區經營方式與鄉村型的選區有些不同，但是趴趴走是必要的。

勤跑是唯一法門

對於選區的經營只有勤跑再勤跑，所以我在前面的章節中提到「懶人不要來」，做政治工作是相當辛苦的，每天不只要「送往迎來」還要「笑臉迎人」，這是政治人的專業要求，而且是「最低要求」。

■為台北縣議員、鄉鎮市長候選人助講，這時我可是馬不停蹄的到處跑，累積不少經驗。

一步一腳印

對於選區的了解是必要的，發生了什麼事也要有所掌握，當然了！不一定要親自每天在選區「打混」，但是對選區的訊息必須有所了解，所以要有一些「眼線」。我個人的哲學是「凡走過必留下痕跡」，一步一腳印，不要心存僥倖，在選區多繞繞是好事。

感受土地的芬芳

在朝陽升起，在夕陽降下之際，那昏黃的陽光，總讓人感到一絲絲溫暖，踏在台灣這塊土地上，感受是溫馨的、是動人的。服務這塊土地的人們，感受一下土地的芬芳，不要渾渾噩噩過日子，有太多的政治人物當選後整個人都變了，以為自己是個「什麼」了，這就很要不得。

外交部長陳唐山在擔任台南縣長時，都會利用時間一個人到處走走，除了「體察民情」外，也跟縣民多「在一起」，「感受」是一件很要緊的事情。

■我的第一場助講行程，為我的好友後壁鄉長候選人賴志榮助選，他可是6年級生喔！

Chapter 5

小故事大有意思

過了一段時間，受傷的立委出院了，
但是他脖子上的固定套依然隨著他在公共場合出現。
有一次我正好與這位立委擦身而過，但是他的脖子上……

一 登山哲學

大學時期，除了課業要顧外，也跟同學搞社團，跟學校「作對」，讓校長跟學務長，老約我們幾位「異類份子」一起「喝咖啡」。我在校園裡算也相當活躍，參與推動一些學生運動，那時因為喜歡台灣文化，常常參加一些營隊，於是接觸了迄今已經邁入第十個年頭的新文化學生工作隊，參與舉辦跨校性有關推動台灣文化的營隊。這支新文化學生工作隊，即是當時擔任立委的謝長廷先生創辦的「新文化基金會」所贊助支持的學生文化團體。因為這一層關係，我跟「謝律師」（我們私底下對謝的暱稱）有了第一次的接觸。後來也因為到基金會擔任義工、助理，而有了「師徒之緣」。

謝律師在民進黨的政治人物中，對文化的關心與人文素養是備受肯定的。羅文嘉就曾說過他覺得謝長廷就像一個暖色系的人物，會讓人家喜歡。私底下，謝律師很喜歡跟我們這些小蘿蔔頭聊天，談談他對「新文化」的理念與堅持。外界一直對他與阿扁總統間的「長扁情結」充滿諸多想像，這些都在阿扁總統兩次競選期間，「長仔」全心全力輔選下，類似話語再也不復見了。

他對自己起起伏伏的政治路，自有一番見解。他說，就像爬山一樣，你可以選擇快速的征服一座山攻上峰頂，那是一種成就與快感，相對的也缺乏觀賞高山美景的樂趣，沿途的風景不也是我們爬這座山的目的嗎？若很快登上山峰，隨之而來的就是「準備下山」，白白損失了享受「山岳之樂」的機會！

想想不是如此嗎？爬山的目的，不全然在於完成路程，登上高峰，更重要的是放開心胸，沉浸在那山嵐之美，如此才是「山岳之樂」啊！

■國會助理研習班結訓座談，時為黨主席的謝長廷與青年學子進行一場精彩的對談。我們兩個人的表情有趣吧？

二 好玩的秘書長

民進黨執政之後，這些過去衝撞體制的政治人物，在進入體制並且管理體制的同時，卻也有著許多「文化差異」的衝突。總統府秘書長邱義仁是一個職業欄永遠是「秘書長」的人物，在民進黨內與謝長廷並稱智多星。據說有一回，他仍是民進黨秘書長時，有位黨工欲請辭至英國留學，辭呈送到秘書長室時，邱義仁在他的辭呈上批示：「一、如擬！二、該員於黨部表現良好，故贈黨旗一面，以便該員至英國宣達本黨理念……」（此為大致文意，並非原件內容）。其實讀者可不要當真啊，他不過是在說說冷笑話罷了。

而這種「素民文化」到了公部門更為有趣。行政院秘書長批示的公文相當多，對於這種官場文化，隨性慣了的邱義仁自有許多不適應。有次院內的承辦人員呈了一份公文給秘書長批閱，由於簽呈內容文字相當多，邱義仁一句不經意的「喔！內容那麼多，我沒唸過什麼書耶！」，這可讓呈

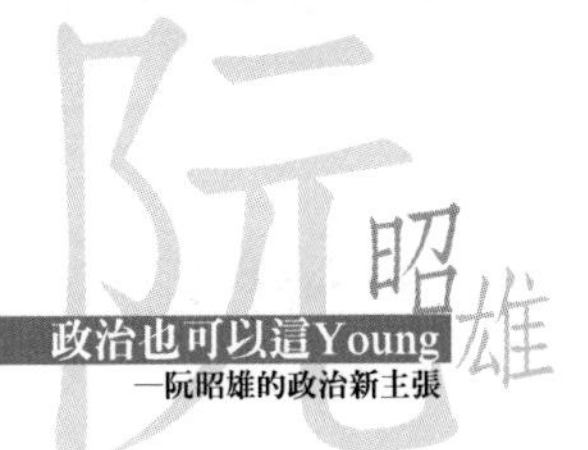

公文的公務員緊張不已，頻頻說：「不會啦！秘書長您學富五車，學識豐富……」講了一堆讚美的話就怕秘書長生氣。邱義仁無奈竊笑說：「我只不過是喃喃自語一句話啊！」然而他卻不知過去國民黨執政時代，官威可大了，這些善良的公務員豈敢得罪大官啊！

「大官」，雖然「威嚴不足」，卻也多了一派輕鬆、隨和自在的親民作爲。所以當邱義仁說出選戰有如「割喉戰」，割喉割到斷，就一點也不意外了。

阿媽立委

民進黨內的政治人物各具特色，普遍都有一種「可愛」的特點，而我認為最讓人感覺「温暖」的，即是人稱「阿媽」的許榮淑立委。

這位以美麗島受難者家屬身分從政的台灣傳統女性，可不要看她現在年紀大了好欺負，當時的她可是有著「黨外鐵娘子」之稱，邱義仁、吳乃仁在學生時代都幫她助選過，當時的演講場可是聚集了十多萬名支持者聽講，可見許榮淑委員「阿媽的魅力」。

現在黨內或是一般社會大眾，對於阿媽有著不同看法，甚至有部分批評，然而我卻有不同的看法。

我在擔任民進黨青年部主任期間，積極推動建立一個長期培養年輕人才的機制，透過這個過程不僅可以培養優秀人才，更可以建立年輕人與民進黨的對話平台。在時任黨主席謝長廷的支持下，創辦「國會助理研習

班」，透過為期一年的人才訓練過程，將過去的「戶外教學」（街頭運動），轉化成具體的課程，讓有心從事政治工作的年輕朋友有一個入門的機會。訓練完畢後為了讓學員有發揮才華的舞台，於是我尋求黨內立委的支持，希望他們可以善用這批由黨所訓練出來的優秀青年朋友。

DPP第一期國會助理研習班開訓致詞，開立這個班是我青年部主任兩年任內，自覺最讚的一件事了！畢竟人才的培養雖然寂寞，但卻是最有意義的。

雖然民進黨長期給社會大眾的觀感是比較年輕有創意的，但是年輕人才的培養卻是嚴重缺乏，在拜訪黨內立委的過程中，大都只是客氣的表示認同，結果對我而言，其實是失望的，因為民進黨各個派系山頭林立，大家都不相信，你會訓練人才「給我們用」。

唯有「阿媽」給了我們青年部溫暖。

拜訪當天，她本來有個外縣市的行程，知道是黨內的年輕人要來拜訪，「阿媽」立刻趕回立法院研究室與我們會面，並且很親切的與我們交談，自然流露出「鄰家阿媽」的和藹。

最終她雖然沒有給我們太多「實質」上的幫助，但是她把這項事情「當作一回事」的態度已讓我們大為感動與窩心。她沒有所謂政治人物的驕氣，「阿媽」始終給人一種直率、誠懇的感覺，有著不同於其他政治人物的操作手法，不像有些政治人物是虛假的，她將自己最真實的一面完全表達。

四 「趙元定」先生

這本書中，我提到過專業幕僚的角色扮演。要做一個稱職的幕僚實在相當不容易，就有一個小故事「活生生」地發生在我從學生時代就相識的好友身上。

他目前是一位重量級政治人物的隨身秘書（為了顧及個人隱私，故隱其名，姑且稱他為Y君），每天陪著老闆到處「探訪民情」，除了要與民眾做第一類接觸，也要幫老闆做一些政治判斷建議，工作時隨時都是「備戰狀態」。

某一天，他老闆要至某縣市進行拜訪，行程中安排會見一些地方人士。於是Y君便與辦公室行程安排人員通電話做再一次的確認，這是相當重要的。

電話中Y君覆誦著：「老闆先跟張委員、陳議員見面，再來趙元定，OK！了解！」

確認之後，Y君第一時間跟老闆報告：「您兩點與張××委員會面，之後是陳××議員，再來是趙元定先生。」

「趙元定先生？！」他的老闆頭上出現相當多的「？？？」，「趙元定是誰？我不認識啊！」

這下可緊張了。「是是是，我再跟辦公室確認一次！」

Y君馬上拿起電話火速打回辦公室，急忙問道：「老闆兩點跟張××委員會面、之後是陳××議員，再來是趙元定先生，對吧？」

電話另一端傳來一陣狂笑：「趙元定？！沒有啊！哪有趙元定先生，是『照原訂』計畫！」

「幹！你剛才又沒說『計畫』兩個字。」

頓時Y君臉上浮出了三條線……

五 大老VS.老大

民進黨在執政之前，可說是「戰國時代」，各個政治勢力各據一方，即一般大家所說的「派系共治」，所以誰也不服誰。但是這種政治文化，反而使得黨內較為可以「大鳴大放」，對於黨內路線也可以充分討論，使得民進黨贏得「改革」的形象，也使得年輕人較願接近民進黨。

但是民進黨長期只有「大老」沒有「老大」的政治文化，使得青年一輩對於「政治倫理」較無概念，黨內充滿一股「衝鋒陷陣」的氣氛，使得民進黨在短短的十六年，能夠邁向中央執政，就是黨內充滿著相互競爭的文化，促使全黨一致往前衝。

但是這種只有「大老」沒有「老大」的情況，因為中央執政而將有所改變，畢竟阿扁總統位居「制高點」，對於本黨的政治資源分配將擁有決定性的權力。但這並不代表民進黨從此進入「一人政治」的時代。

幸好民進黨就是民進黨，「放砲」仍然是民進黨人的習慣，要大家閉嘴是相當高難度的，看看大老沈富雄經常「語不驚人死不休」，就是一個相當好的例子。

六 床頭吵、床尾和

老是看到政治人物在媒體上爭得面紅耳赤，不要以為他們真的有不共戴天之仇，其實有時只是表演罷了（尤其是在立法院）。

幾年前，有兩位立法委員打得血肉模糊（是有一點誇張），其中一位立委因此住院，脖子上還套了個「固定套」，看起來可真是嚴重，媒體也大肆報導，頓時鎂光燈在這兩位委員身上大放光彩，有時還會不小心看出這兩位立委得意的表情耶。政治人物作秀無可厚非，但是「秀」的內容要精彩些才是，這樣才不會浪費我們納稅人的血汗錢。

但是這兩位立委好像不是太「敬業」，因為他們的衝突只是為了發言順序的登記，兩人為搶奪登記先後而相互攻擊，讓人覺得實在是太小題大作了。

過了一段時間，受傷的立委出院了，脖子上的固定套依然隨著他在公共場合出現。那時我正在立法院服務，有一次正好與這位立委擦身而過，但是他的脖子並沒有套上固定套。說時遲那時快，他的助理說了一聲：「有記者！」，只見那位立委立刻將固定套套上脖子，裝出一副「病人樣」。天啊！這就是我們的立委，愛作秀的立委。

其實這些政治人物在鏡頭前是一副樣子，私底下交情可好得很，只有我們這些看戲的人才會如此「入戲」，難怪朱高正會說「政治是最高明的騙術」。

民進黨政治人物尤其是男性，比起台北市長馬英九來實在是「太不帥」了，陳文茜對於過去這些男同仁們更是表示「外表實在不怎麼樣」，不但身高普遍不高，穿著打扮也相當保守，除了民進黨前主席施明德一套領結裝之外，其他人還真的很不起眼。

其實政治人物的外在並不是那麼重要，只是在這「太平時代」，大夥總要對政治人物品頭論足一番。說起民進黨內，雖然帥哥不多（啊！我已經得罪人了，不知道以後要如何在黨內混啊！），但是美女級的人物卻不少。立委蕭美琴、林岱樺、謝欣霓、陳瑩、客委會副主委邱議瑩……（這個「……」刪節號代表語意未盡，還有很多！）都是其中的代表，只要她們一出現，「畫面」就會好看許多，為民進黨這個「草莽味」較重的政黨增添一絲溫柔。不過咱們這些「女俠」們，可不願大家只稱讚她們的外表，最重要的是要注意她們的問政表現，畢竟頭皮下的東西才是重要的。

如果先天條件不足以構成「視聽雙享受」，那麼就要比別人更加打拚，展現出實力來。

PART 2 政壇氣象觀測站

局勢變化多端的政治界，
就像台灣的天氣一樣難以捉摸。
行事策略常需配合當時情況做修正，
有時難免令人感到茫然。
但只要信守最初的理想，
內心就能湧現繼續奮鬥前進的力量！

「應然」與「實然」的政治大戰

在社會科學中，「應然面」即是指事件本質應該是如何，有著「絕對」的價值判斷。「實然面」著重事件本身的可行性跟實際的運作情形。在政治領域中這兩者如何取得平衡，一直是政治工作者的困境。在未取得權力前，理想是讓人前進的無限動力，政治的應然面存在於政治工作者心中，一個理想主義的政治思維儼然而生。所以當政治工作者對現實狀態不滿意時，便會試圖去碰撞現實的藩籬，希望將「0分」的現狀一下子變成理想中的「一百分」。

「應然」、「實然」之間的碰撞爲政治的演進提供了意義，相互拉扯中，或許可以帶領著政治方塊往柏拉圖的方向踉蹌走去。

■為「民主成年禮」活動致詞，當時如麥當勞標誌的髮型，夠酷吧！

台灣現今正在進行上述所提「應然」與「實然」戰爭的「政治實驗」，台灣的民主運動從戰後的萌芽期至今已五十多年，中國國民黨統治台灣長達半個世紀。西元二〇〇〇年歷史為台灣政治提供了不同的思維方式，民主進步黨的陳水扁當選台灣的新總統，結束了一黨專政的時期，有了所謂的政黨輪替。對台灣有著改革期許的人們，不管他當時是否投給了陳水扁，對一個相對於過去既有勢力的政治新勢力上台後，當然會有著莫名的企盼。

這時對於認為社會現狀仍處於「0分」狀態的他們（或許是我們），面對過去說其實我們可以做到「一百分」的同時，我們必須開始觀察現實是否如此？或許每個人的一百分標準不同。台灣獨立？國會改革？司法獨立？經濟大國……？太多的目標。新政府上任半年，說他會有大的建樹，那是自欺欺人，對著這一群新的治理政治工作者，歷史同時也賦予了一個「必要」的使命任務。

對於過去不合理現狀的「碰撞」，他們提供了多少的能量，這是我在乎的。過去你說「單一選區」，現在你可以做了！過去你說「行政中立」，現在你可以做了！過去你說「行政精簡」，現在你可以做了！這些「似乎」是剝奪執政者既得利益的作法，現在因為你執政了，你可以做了！不斷的碰撞、拉扯和挑戰自己過去的理想，這是引領政治思維往前的歷史宿命。

我不求一百分，但求「進步到60分」，這才是政黨輪替的真實意義。

綠藍嗆聲集1
媒體大軍

■身處資訊爆炸的台灣，我們都需要維持心境澄明，擁有自我判斷的能力。

媒體統稱第四權，在訊息傳遞如此快速的當下，其影響早已是無遠弗屆，對社會大眾的日常生活和價值觀有著很重要的指導作用。有人出門要看氣象報導來決定如何穿衣服，有人聽著廣播交通網決定如何往前走，更有人憑著報紙的印象來決定他的一票。

在媒體多元化和社會逐漸民主化後，媒體除了符合商業機制的邏輯以求生存外，社會責任應愈益加重。在台灣，媒體監督政府、監督民意機關、監督權力的功能，已然大幅展現。然而媒體身為第四權的無冕王，又該由誰來監督？來規範？近來媒體發生了許多事，這些都值得傳播學術領域好好進行個案研究。

前高雄市長謝長廷控告聯合報，陳文茜「文茜小妹大」節目停播，新聞局委外針對媒體進行各項調查……到底台灣社會缺了什麼，為何這些事件總是一而再、再而三的循環出現呢？

聯合報在其社論中評論高雄市正副議長賄選事件時，竟於文章中毫無根據地表示檢調單位未曾調查謝長廷，認為有黨政高層的介入。以社論表達報社立場本是無可厚非，但此篇社論卻處處像是「媒體司法機關」，像是對謝長廷進行審判。文章中關鍵字句中皆用「？」來結尾，藉以規避法律責任。這些顯然都有非常嚴重的專業疏失，聯合報理應就此事件建立起媒體自律的模範，報社卻高舉「媒體自由」大旗為己辯護，喪失建立媒體自律模範的先機。謝市長除了進行司法途徑裁決外，更選擇了直接面對群眾，演講說明。

另一方面，新聞局委託民間團體進行「二〇〇三年台灣報紙、雜誌產業調查」，也明顯違反了「權力平衡、監督」的原則。透過大規模的媒體調查並定期公布，有了讓人以為政府要全面控制媒體的錯覺，此行為大大不妥。畢竟透過媒體的自律、中立民間單位或成立超然獨立的國家傳播委員會（如美國ＦＣＣ）來監督才是媒體環境的常態。

政府的過度介入或是如新聞局以政府預算委外進行各項調查且定期公布都屬不當，受媒體、民意監督的政府實在不

該讓人有瓜田李下的懷疑，因爲就算所委託的單位調查結果相當公正，也會因爲如此的權力結構而遭受質疑。

在媒體自律尚待提升時，唯有廣大民眾的監督才是根本，媒體自律才有可能實現。以上事件也讓我們觀察出台灣的民間力量仍有待發掘，民間力量提升了，社會改造工程才會有進度。媒體改造工作已成了現階段的重要課題，廣電法修法，無線電視台公共化、專業化，成立超然獨立國家傳播委員會，各媒體自律等才是正途，唯有真正的反省與改革，民眾才能保有一個最純然的媒體環境。

（摘自【南主角】雜誌19期專欄文章）

綠藍嗆聲集2 青年影響力

■比起華而不實的競選支票，青年選民更關心的是真正的牛肉在哪裡。

二〇〇四年總統大選是台灣面臨再次民主轉型的嚴酷考驗，不論已然成形的連宋配，或是以逸待勞尋求衛冕的民進黨和阿扁總統，都將演出比二〇〇〇年更加激烈的選戰競爭。

二〇〇〇年阿扁總統以「年輕台灣、活力政府」為訴求，擊敗已逐漸老邁的連和宋。然而這一次對手不是連及宋兩個陣營，而是跟泛藍大團結的「連宋」交手。

相較對手而言，阿扁總統較能吸引年輕族群（20至40歲）選民的支持，而二〇〇〇年連及宋的選票結構中，年輕選票大幅落後阿扁總統。但近年來不論何種因素造成，政績不突出已是一項事實，二〇〇〇年支持阿扁的年輕選票已逐漸消退，甚至感到失望。因此二〇〇四年大選的關鍵在年輕選票已是眾所皆知，各陣營無不全力針對年輕族群下足功夫。連宋的服裝年輕化、到校園跟年輕朋友說說話，民進黨將阿扁的文宣大將羅文嘉從文宣部主任調為青年部主任，統籌穩住青年選票，這些作為皆顯現出青年選票「真的」很重要。

然就筆者曾擔任民進黨青年部主任，長期接觸青年朋友的經驗觀察，綠藍陣營目前所做的皆屬門面功夫罷了！

年輕人不是膚淺到你連宋的裝扮變年輕、在媒體前跟年輕人勾肩搭背，就會對你有好感而投你一票，因為再怎麼做也不能掩飾你們當阿公已經很久的現實狀態。

當阿公當然是件喜事，英國首相邱吉爾、美國總統小羅斯福在當時年紀雖然大，但仍然深受年輕人喜愛，是因為其改革的意志得到年輕人的支持而非關他們的年紀。所以阿扁較受到年輕人的支持，也不是因為他比較年輕，而是民進黨及阿扁個人過去對台灣民主運動的參與和奉獻，這些作為令對改革有期許的年輕族群產生了認同。

相對地，國民黨（泛藍）長期的保守官僚作風，令年輕人感到厭煩，「年輕」是一種心理狀態，而非單純的生理現象。年輕選民在兩相比較下，決定了他們的投票行為。

同樣地，民進黨陣營也應確實體認到，年輕選民在二〇〇〇年給了綠陣營最大的支持，是因為他們認為民進黨可以完成他們最在乎的改革工作和優質政府，而非阿扁總統比其他候選人年輕或是幾場校園演講可以滿足的。政黨輪替三年來，民進黨政府表現並不如期許，若改革工作只是半調子，何必把國民黨換下來？所以要爭取年輕選票，民進黨拿出政績是唯一法門。

總之，各參選陣營無不全力爭取選民支持，這是民主政治可貴之處。在台灣社會逐漸富裕、逐漸民主自由後，年輕選民要看的不是政治人物的眼鏡或服裝，更不是找一群年輕人包圍簇擁，選民觀察的是真正的改革意志和牛肉在哪裡。

（摘自【南主角】雜誌19期專欄文章）

目睹媒體鏡頭下的台灣怪現象

端午節、春節、中秋節是台灣人三大節日，在工商社會快速的變動之下，節日的意義對許多人而言已不復記憶了。問問年輕的一輩，端午節從何而來，我看八成是支支吾吾的，不甚明瞭的樣子。

說起端午節，屈原當是主角之一，懷抱著憂國憂民的心志竟不得君主的認同，一時悲憤投江自盡，說是愚忠倒也不忍，畢竟在今日的社會中，此類的人恐怕早已絕種了。

「白蛇傳」同樣是端午節令人津津樂道的民俗故事，白蛇娘娘亦正亦邪的角色，打破了傳統八股角色的設定，蛇雖邪惡，但比起道貌岸然、自以為是的法海和尚及軟弱無能的許仙還高明許多。白蛇娘娘對愛情的執著真誠是值得現代人深思體會的；人無絕對的好與壞，「是非」總在一線之間。

觀察近來台灣社會發生的種種現象，總令人擔憂和煩心。這些現象簡直與古時小說書名「二十年目睹之怪現狀」一樣嘛！人們總在正義和邪惡之間游移不決，總是在懊悔罪惡中度過，媒體生態更是如此。

■與日本青年議員訪問團會面，當時我很瘦吧！

台灣媒體之怪現象，眞是「無人不知、無人不曉」，連媒體人自己也互相撻伐，但大家依然在批判聲中毫無改進地繼續沉淪，實因社會價值觀早被扭曲。

陸軍軍官學校五名大四學生因作弊被開除，過程不用筆者多述，因為媒體報導太多了；這種社會道德價值觀的嚴重扭曲，正是台灣社會現今的縮影。對於陸官學生作弊事件，媒體不但大肆報導，還邀其座談、拍攝相互加油的畫面，這些不都是變相鼓勵這些學生和家長繼續在媒體上「表演」嗎？若不是媒體大張旗鼓的「造勢」，這五名學生大概還不至於會想到「遊街示眾」這種餿主意，大家想想這種行徑跟白蛇傳中顢頇、自以為是的「法海和尚」有什麼兩樣！

日前，親民黨主席宋楚瑜接受媒體主持人周玉蔻的專訪，不論我們對宋楚瑜的觀感如何，畢竟老宋也還是在野黨的老大之一，在台灣政壇上還是「喊水會結凍」的。但媒體有興趣的卻是宋楚瑜發言人黃義交跟老情人周玉蔻之間的互動，完全將可能會影響台灣政局的新聞忘得一乾二淨，而只是注意「八卦、腥色羶」的窺私新聞。我想宋楚瑜一定很嘔，心想老子在政壇打滾數十年，今天準備大罵阿扁一番，豈料竟不敵黃、周五年前的床笫趣事來的受媒體注意。我們這些民眾豈不是更嘔，黃義交跟周玉蔻的事，關我們啥事？難道一定要看這種沒營養的新聞嗎？

「目睹台灣怪現象」，我們真的無能為力嗎？媒體這種「亦正亦邪」的角色何時能夠正常化呢？對於下一代，我擔心的不是要不要恢復聯考，不是書包增加多少重量而已；而是台灣價值觀的扭曲，社會道德觀的淪喪，這才是讓我們擔心和煩憂的。

莫再讓「口水」多過台灣的雨水

愛，可以讓人類跟狗狗彼此交心；冷漠卻能割裂同一條船上乘客的互信之情。

一個群體除了生存之外，更需要令人有安全感的環境及安詳的心靈互動，所以過去有人提到「心靈改革」運動，雖八股卻是這個社會最需要的。但是台灣在逐漸民主化、多元化，社會逐漸富裕之後，卻缺乏人與人之間所應珍惜的心靈互動。近來台灣社會發生許多值得深思的事件，如花蓮慈濟與莊醫師的「一灘血」爭議、李前總統心導管手術住院及台北縣蘆洲大囍社區的嚴重火災事件等，多少也顯示出民眾內心世界的不安寧。

慈濟團隊長期以來，不論是在台灣社會宣導淨化人心，或以台灣的名義參與各項國際NGO的活動，讓台灣的國際能見度大幅上揚，他們對社會的貢獻都是大家有目共睹的。然而這一次與莊醫師的「一灘血」事件，雙方其實應該有更具智慧的作法。

相信在人性本善的前提下，以佛家大慈大悲的本質，互相各退一步，展現出台灣社會成熟的一面。

司法途徑不是唯一的方式，不論如何慈濟人在台灣社會是受肯定的，如此的作為也將起示範作用。

李前總統因心導管手術住院，少數統派人士前往鬧場，讓人感覺到台灣逐漸喪失「人味」。

一位老人家住院，不論他的作為有何爭議，鬧事者竟然完全失去對病人人權的基本尊重，難道「意識型態」之爭已讓這些人失去理性了嗎？這種對於人的基本尊重在立法院更是蕩然無存，經由媒體的傳播，早已對民眾產生了不良的示範，尖酸刻薄的言詞不斷在立法院上演，真是「教壞囝仔大小」，國會亂象亂不停。

政治的亂象，在蘆洲大火事件中更是令人「驚奇」，在野的泛藍陣營彷彿像野獸似的「見獵心喜、見血尋跡」，真令人搞不懂，難道他們都沒有一絲絲同情心和同理心？我們並不是主張在野黨不能彰顯他們監督的立場，只是這種只顧政黨立場、只顧選舉利益的作法，實在讓人感到寒心。

像蘆洲大火事件，對於責任歸屬當然要有所要求，但是總要有個先後順序，在大家全力救災的同時，應該是同心協力投入救災，而不應該因為個別政黨、政治人物的利益而落井下石，如此的作為令人不齒。看看國民黨發言人蔡正元的發言充滿了情緒性語言，令人想不通為何一個單純的公共安全事件，竟被如此泛政治化地處理。

台灣要進步，除了硬體上的建設外，社會人心的淨化更加重要，而第一步就是政治人物的反省，政治人物的「口水」多過台灣的雨水，政客們請捫心自問，我們何時才能得到安寧，才能有一個真正進步的生活空間？

（摘自【南主角】雜誌第28期專欄文章）

演齣漂亮的政治秀吧！

政治人物少不了表演宣傳，但掌聲背後的思想原則又是什麼呢？

較年長的朋友一定知道，過去台灣演藝圈非常興盛，台灣的明星在東南亞乃至全亞洲都是最頂尖的。當時的「二秦二林」，台灣的武俠劇、文藝劇，都是紅極一時，盛況空前。但如今日劇、韓劇充斥台灣的螢光幕，真是讓人為台灣的戲劇環境感到嘆息和無奈。然而，正如有人稱「人生如戲、戲如人生」，政治更是一場「表演的藝術」，民主社會透過媒體的傳播，某些政治人物的表演也就成了他們最重要的「政績」。

不論西方或東方的政治家，問政的過程或多或少都會有表演的成分，所以「作秀」就成了政治人物的「功課」之一。但是表演也有功力的差別。民主政治從西方發展起來，西方政治人物表演的樣態無奇不有，有的表現更令人瞠目結舌，有赤裸上身的、有抱小孩開會的，無所不用其極，奇形怪狀皆有，但是基本上這些不過是民主政治的花絮罷了！在面對國家大政時，政治表演必須是細緻的、是符合邏輯的。

美國歷屆總統幕僚在規劃總統的活動時，都經過一番設計，希望透過這些「巧思」，爲主子的表現加分，比如記者會的橋段設計等。

然而一個原則就是不能「金玉其外、敗絮其中」，所傳達的訊息仍要精準才行，不能因為表演而模糊焦點。

觀察本國的政治人物們，看到西方政治家的表演，當然也依樣畫葫蘆，表演得可起勁了，然而卻常常無內涵可言。表演最盛的就是立法院這個舞台，立委諸公為了三年一次的改選，對這項「表演事業」是兢兢業業，唯恐無法延續其「演藝生命」。

這在理論上是好的，因為定期改選為這些政治人物們帶來壓力，讓政治人物們不敢為所欲為。但是他們的表演功夫卻讓人不敢恭維，唱唱歌是「小卡」的，偶而更要現現肚皮。在大法官審查期間，問一些與大法官職權和專業素養無關的問題，在黨團會議室裡召開似是而非的記者會，只顧

記者會的海報是否漂亮，只在乎尖酸刻薄的言詞是否會上版面，對於這些言論和行為是否對國政有所幫助是毫不在意也從不關心。

過去我們的二秦二林揚名國際，如今戲劇演藝環境不如過去風光，但表演事業卻在政壇發揚光大了。可是我們學習西方政治，卻流於「瞎子摸象」、「東施效顰」，這樣的政治演出是粗魯的，只學到人家的皮毛。政治的確需要表演，但我們要的是精緻完善的表演，而不是一場一場的鬧劇，戲中男女主角都不見了，只剩丑角在擔綱，早已不成「一齣戲」了。我們期待台灣的政壇可以早日有「天王、天后」巨星的產生，來一齣好看的戲，再也不要虐待觀眾的眼睛了。

（摘自【南主角】雜誌第29期「南方眾議院」專欄）

新政治的期待

日本自民黨日前選出新任總裁，結果依然由現任首相小泉純一郎連任，代表著「小泉風」依然有其魅力，也象徵著日本民眾對其政治改革的期望。其他競爭者雖也是一時之選，但卻無法有效地消除日本民眾相當厭惡派閥政治的印象；於是小泉純一郎在這樣的氛圍下連任日本自民黨的總裁，但也不是毫無挑戰，日本主要的在野黨民主黨、自由黨在面對小泉首相解散國會進行改選的狀況下，兩大在野黨黨魁菅直人以及小澤一郎簽訂合併

與西藏基金會成員及流亡政府成員會面。

協定，自由黨進行解散讓民主黨吸收，目前兩黨參眾議員共有204人，這將是日本近十年以來首次產生一個超過二百人的新在野黨，兩位黨魁表示希望日本可以因此走向二大政黨時代，這是日本政壇何其大的事情。

面對日本各項社會經濟問題急於改革的狀況，執政的自民黨力圖以小泉的個人魅力維持改革形象，而在野黨更是產生結構性的改革，進行政黨重組。

在內閣制國家中，政黨的合併重組時有所聞，更代表各方政治勢力的消長。在選前合併或是談及未來合組內閣，都是爲了要取信選民，是一種負責任的態度。

兩黨制或許不像多黨制那樣「多彩多姿」，但卻會讓整個政治制度較為穩定。台灣總統由全民直選，而未來修憲方向也似乎以總統制較為可能，在這些制度及台灣政治文化的催化下，台灣走向兩大黨制是指日可待。

看了日本政壇的變化，接下來要看台灣的政治。二〇〇四年總統大選各陣營會有怎樣的「菜色」端上檯面，連宋配看似台灣版的「政黨重組」，事實上非也！這個組合有著系出同門的「血緣關係」，而宋楚瑜所領導的親民黨也不過三歲，國親兩黨在政策上也無太大的差異，但也正是如此，兩黨未來合併或許也是自然。差異性不大的政黨進行合併，有助於選民了解各政黨政策的特性，各政黨也因為「市場需求」而讓其政黨的政策思維較有一貫性，如此才不至於為了選舉而「見人說人話，見鬼說鬼話」，畢竟還是要「市場區隔」的。

預見台灣未來進入兩黨政治，也將有一個較為穩定的政治運作系統，和逐漸成熟的政治文化，任何走向偏峰的想法和作為將不會有「有效的市場」，而讓「就事論事」的社會氛圍成為主流，政治也將更為成熟。我們依然堅持不可因為主流聲音而忽略了非主流而弱勢的需求，只是在現階段台灣也需要一個穩定卻不失多元的政治社會，一個走向兩黨政治的「新政治」是我們可以期待的。

（摘自【南主角】雜誌第30期「南方眾議院」專欄文章）

別讓日本妹笑咱肉腳！

十月十一日高雄澄清湖球場湧進滿場的兩萬多名球迷，這是台灣職棒許久未見的盛況，興農牛隊與兄弟象隊爭取台灣NO.1的頭銜，一場風靡全台的「偉大」盛事已然圓滿完成。除了台灣之外，美國、日本職棒的總冠軍賽事也已經產生年度冠軍隊伍，加上十一月五日開賽爭取亞洲代表權奧運入場券的亞洲盃錦標賽，台灣更是組成號稱夢幻球隊的堅強陣容迎戰。二〇〇三年的尾聲將是台灣棒球瘋狂的一季，更是我們生活記憶中不可或缺的一部分。

運動不單是強身之道，還能帶動整個社會的活力。

一個國家的運動風氣，不單只是一群人在那裡「動一動」而已，透過競技運動風潮的整體結合，對一個國家國民意識的凝聚有其關鍵性作用，透過競技的效果有效地將群體的意識組織起來。所謂「國民體力」相當於「國力」，運動風氣也代表著一個國家地區的「活力」。

根據報導，台灣男子的體適能竟然比同年齡的日本女性還不如，也就是說台灣男孩子的生理狀況比別國的女人還不如，這是何等難堪啊！

一個國家社會在某個程度上，是需要英雄的，在人類歷史上「統治者」扮演著英雄的角色，或多或少都造成了人類社會的動盪不安。不過運動場上的英雄卻對社會有較多正面積極的影響，對於青少年而言，運動家的成長過程更是一種鼓勵和典範。運動不單是競技的過程和成績表現，運動家的風度和精神更是影響極大。一場球賽的高低起伏，就有如人生的過程一般，對於「人生教育」更是有所啟發。這些「益處」代表了運動對社會的不可或缺性。

台灣政治經濟發展時，連帶著職業運動也有所進展，但綜觀之仍有相當的不足。運動員在退休後生活情況不佳的消息時有所聞，過去風光的運動生命竟在退休後無法獲得有尊嚴的生活，令人感到今非昔比，不禁為這些傑出的運動員抱屈。完善的體育政策代表著一個國家的進步程度，更代表著國家對其無形國力的重視。

台灣長期以來體育政策的不完善，使得體育人才甄補產生了嚴重的斷層。在各項國際比賽中的成績也不甚穩定，這些都有賴政府有魄力的進行改革。然而目前體委會仍看不出積極有效的作為，令人著急。因為在世界各國培養運動風氣的同時，台灣要邁入已開發國家之列，體育環境的整體成長便是重要指標之一。每次每項運動熱潮一來，該項議題就成為熱門討論話題，可是當激情過後，健忘就成了大家的通病。趁本次「棒球熱」之際，來個體育大改革吧。

（摘自【南主角】雜誌第32期專欄文章）

城市的靈魂

常聽見「地靈人傑」這句話的我們，是不是也曾為這片土地創造美麗的回憶呢？

漫步在高雄市的愛河旁，會有一種時空錯置的感受，彷彿置身在歐洲進步城市中。過去惡名昭彰的愛河，如今已成為高雄市民眾休閒活動的好去處，時而看到全家扶老攜幼散步玩耍其間，時而看到情侶緊緊相偎，這些都將成為他們的「城市記憶」。那種城市與生活的結合是可以感動人的，城市之所以「偉大」也是來自於此。而城市的呈現不在於大小，而在於與市民互動的關係和緊密的感覺。台灣的縣市中有部分的都會是有其發展特色的，較為小型的都會風貌也有其特殊之處，新竹市、嘉義市、台南市等都是屬於「小而美」的精緻城市。

一個城市的生命除了硬體「骨和肉」的建設外，城市的靈魂才是核心價值。何謂「城市的靈魂」？那是一種市民與城市之間集體生活的共同記憶，這種記憶是美好的、是有歷史意義的，那共同記憶是城市最大的資產。市民以其居住環境周圍作為日常關心的首要對象，關心自己的環境，如此環境才會貼合自己的想像，也才會人性化。從小群體的社區做起，擴大至城市中各個角落，關懷自己所居住的城市，擴及到較大的社會群體，社會問題將有效獲得解決。「城市的靈魂」其實換句話來說就是人們日常生活的累積，每天的生活不該渾渾噩噩，我們可以有所選擇，幫社區環境整理整理，幫社區中小學的學生指揮交通，這些都是我們跟城市互動的好方式。

在農村型態的生活中，「人」是一項很重要的生活要素，鄉里間的守望相助、醫療需求的共享、生活經驗的傳承，透過這種人與人之間互動的共享，人與土地的連結就更強了。所以為何看到各地「同鄉會」扮演著重要角色即是如此，這種「人親土親」的力量是無窮的。然而現今城市生活中人際關係逐漸疏離，隔壁住的是誰彼此都不認識，人際互動的薄弱，造成群體的冷漠感，而冷漠感的產生，就造成了許多社會問題，一個有著宏偉高樓大廈的都市，說到底就只剩下冷冰冰的建築物罷了。

「美麗的風城，美麗科技城」，新竹市有著其他地方所沒有的特質。不單只是貢丸、米粉和陣陣的微風，新竹市擁有的是傳統和現代的結合，這種看似不協調的景象，正是她迷人的所在。

新竹市的腹地區域不大，人口極為集中，但是這些正是她特別之處，走進新竹市，有一種說不出來的感覺。我對這個城市的感情或許是因為我的愛情發生在這裡，也或許是貢丸真的很好吃，但總之我跟這個城市發生了連結有了感情，這是我的「生命記憶」，這個城市對我而言是有意義的。或許這些意義將有所延續、將有所留存。

身為城市居民的你，這個城市將為你留下什麼記憶？而你又將為她留下什麼意義呢？

（摘自【幸福竹塹】新聞報發刊號2003.1205期）

請問總統候選人先生

二〇〇四年總統大選在陳水扁總統正式獲得民進黨提名及其提名呂副總統為搭檔後，正式宣告進入短兵相接的階段，「割喉戰」於焉展開。兩陣營的議題紛紛拋出。但截至今日，仍未看出兩組候選人對未來台灣社會的期許和願景，兩陣營諸多的政治議題，充其量就是口水而已，毫無具體建設可言。所以我們要問問「總統候選人先生」您要為我們作些什麼？

台灣社會大結構在民主化逐漸成形、穩定後，應當進行「精緻化」和「再造」的過程。再造台灣文化的價值應該在於「多元」，不只我們的文化本身就有豐富的面貌，我們的選擇也有多樣的面向；其中的重要關鍵就在於彼此的尊重。然此「多元」是真正的體現，並非嘴上說說。看看媒體一味追尋腥羶色，遙控器一百多台的選擇，其實只是「一二選擇」；更有立委提出「同志結婚亡國論」和近乎辱罵元首的言論，這些都是對人權的不尊重和毀滅。對於這些亂象，「總統候選人先生」您要如何處理？

社會各角落的每一種想法、每一種行為其實都一點一滴地形塑著我們的未來。文化是生活的累積，各種「次文化」很可能就是我們社會未來的一種面貌。

積極開拓年輕朋友參與公共事務的管道非常重要，培養全人格的年輕一代，在群體中獲得認同和自我實現，培養個人有其明確的方向，替社會貢獻各種進步力量，學習負責任的態度……，這些都是很重要的，因此我們依然要問「總統候選人先生」您又有何看法？

在「正常」價值觀的社會中，總統和消防隊員的社會價值是否有所不同？職業本沒有貴賤之分，因為場合與環境的不同，個人在不同的領域和位置上各展所長，本來就應該受到相同的尊重和欣賞。但台灣卻面臨價值扭曲的嚴重危機，大家都向「錢」看，向「權」看。這些都是台灣「基本」的問題，非一時可解決，但都需要「過程」，那「總統候選人先生」您的作法呢？

真正的台灣價值就是知福惜福與人本關懷，我們不能自我侷限在這一個海角的蕞爾小島，也不要把眼光狹隘地放在人與人間的爭權奪利。所謂「新公民」應該展現出勇於表達、利己利他的務實精神。法治觀念在多元民主的台灣尤其應該得到重視，因為它是確保社會價值免於脫序的基礎，也是保障不同意見並行不悖的關鍵。對於形塑「新公民」，請問「總統候選人先生」您關心嗎？

身為一位國家元首不僅是把馬路挖通、把電燈搞亮、把水溝疏通。更重要的是要台灣走向何方、要讓台灣成為美麗新國度，這些才是我們所關心的，「總統候選人先生」不要再噴口水了，說說您的想法吧！

（摘自【南主角】35期「南方眾議院」專欄文章）

選戰中凸顯南方新價值

王金平一句「台灣獨立為選項之一」為他的本土色彩再增一筆。總統大選時至今日，各方民調紛湧而至，顯示出來的結果各異，其中也各有不同解讀。其實大選就像是聯考，過程中的「小考成績」都不是太重要，重要的是必須從小考當中理解自己的弱點在哪裡、哪裡要補強，然後就「一試定江山」囉！民意調查就有如為聯考預作準備的模擬考一樣，希望透過這種相對科學的方法來為大選調整各項策略和戰術。

台灣南部在二〇〇〇年總統大選時被稱為民進黨的大票倉，而民進黨

為了顯現團結一致的決心，輔選團隊一起南下為高雄縣縣長楊秋興助選。

政府也一直以在南部的執政成績為傲。國民黨為求在南部地區有所斬獲，王金平被委以重任，擔任連宋競選總部主委，成為藍軍的超級操盤手。雖然南部地方的執政者均為民進黨員，但民調卻顯示雙方差距依然有限，故扁呂陣營仍不敢忽視南部的選情，而民進黨的南霸天高雄市長謝長廷自然就扮演著相當關鍵的角色，身任扁呂競選總部的副主委兼南部總督導。

在選情如此緊繃的狀況下，王謝這兩位重量級政治明星操盤的功力自然備受矚目。長期以來民進黨與國民黨在政治運作上各有其不同的政治文化，傳統上國民黨對於組織動員較為擅長，而民進黨則以文宣取勝。王金平出身地方加上國民黨九連霸資深立委的背景，其在人脈組織上的實力不可小看。而謝長廷身為民進黨的政治明星，具全國性知名度，加上這幾年在南部地方耕耘，固定的高高屏首長會議有效率的運作下，謝長廷的南霸天地位更加穩固。

南部選情加溫，兩位重量級操盤手的重要性不言而喻。

定期的改選是民主遊戲規則的絕對要件，在政黨輪替後，南方的地位逐漸提升，面對四年改選一次的總統大選，候選人紛紛開出競選支票，但是都不敢對南部有一點點忽略，這就是進步，也是南部人的福氣。

有著兩位南部政治要角的雙方陣營，除了在選舉策略上會相互品評對方人格外，政見上也都一定會力求表現，甚至展露出「創意」。南部的議題一定會再度受到重視，畢竟選民的選票可不是那麼「好騙」的。在這樣的刺激下，加上政黨輪替後南部的議題和政績普遍獲得重視及進展，雙方一定不敢再重北輕南了。但要如何使得南部的發展可以永續經營，睜大眼睛看看雙方陣營端出哪些「牛肉」，是不是只是激情一遭？而在王金平院長和謝長廷市長頗受雙方陣營重視下，謝王兩位要如何在雙方陣營中挹注「南方價值」，也是值得我們南部人關心的重點，而同為台南人，扁、連兩位總統候選人又將如何表達他們對故鄉的關心，選戰過程中將可充分觀察囉！

（摘自【南主角】雜誌第36期專欄文章）

台灣人的首次公投

公投議題在島內延燒，不只是總統大選雙方陣營頻頻叫陣，連法國人也參一腳。中國國家主席胡錦濤訪問法國，法國總統席哈克看到中國的廣大市場，像是昏了頭一般，順著中國的意思說出「反對台灣公投」的話語，令人對以「自由、平等、博愛」大格局精神立國的法國感到不解和遺憾。

國際局勢詭譎多變，但始終離不開「利益」兩字，台灣人民必須適時起來捍衛自己的尊嚴。

國際是講求實力和個別國家利益的，席哈克的一席話或許可以解釋爲顧及法國的「國家利益」，但進一步深究，便會發現他是爲法國落了個「反民主」的臭名，其實是得不償失，畢竟預留多一點的模糊空間才是正確的策略，現階段對中國還沒到要如此表態的地步啊！

公投議題除了在遠方的法國發熱之外，行政院院會更成了綠藍角力的另一場合。

台北市長馬英九像個小學生跟老師投訴似的向媒體發言，提其在院會中遭綠營圍剿，高雄市長謝長廷更是對他人身攻擊。形象一向清新的馬英九如此的表現讓人好笑又好氣，謝長廷不過提說，過年應該說好話，馬市長長久溫和的形象會說出如此話語令他感到意外。馬英九就像個打人的小孩一樣，看到老師發現了，就趕快說其他的小朋友打他。身為媒體寵兒的馬英九如此善加「利用」媒體，可謂奇哉！而「320公投」更是執政黨的政策，行政院會執政黨政府成員佔多數，「捍衛」政策是理所當然，馬英九表示不同意見，其他與會者亦有權表示意見，且行政院院長游錫堃更讓馬英九充分發言，又何來「圍剿」之說？

長久以來，馬英九的形象彷彿是打不破的神話，傲人的學歷家世背景，一帆風順的從政過程，温文儒雅的風度，早已風靡了許多老老少少。馬英九光鮮亮麗的外表，有著保守的政治作為。在國民黨陣營中，馬市長是一個聽話的乖乖牌，凡事聽話就不會出錯，在台灣民主改革的浪潮中，國會全面改選沒看到他，總統選制他支持「委任直選」反對「直接民選」，加上這幾年台北市長任內的表現，市政成績並不突出，這些在在表現出馬英九極為保守的政治風格，然而這樣的「真實馬英九」卻被長期忽略了，像是絢麗的煙火，雖然美麗但卻沒實力、雖然亮麗卻讓人看了吃力。

320公投將是台灣歷史上重要的一頁，台灣人民早該擁有的權利如今獲得抒發，早該吶喊的聲音今天發聲，這是值得感動和紀念的一天，大聲說出自己想說的話，這才是有尊嚴的表現。在今日任何發表關於公投的言論將會被紀錄在歷史上，而這將是台灣的關鍵年代。

台灣社會的百分之五十

320的開票結果比起電影情節的精彩程度是有過之而無不及，相信全國看開票過程的觀眾，心跳一定是如雲霄飛車般起伏不定。不但開票過程有如戲劇般精彩，結果出爐卻仍還有續集，但是這個續集卻是「歹戲拖棚」。這次選舉的不可預測性實在太高了，從雙方負面攻擊策略一再出現，選戰場上是一片「血淋淋」，雙方皆無所不用其極地想「摧毀對方」，更想不到阿扁總統、呂副總統竟遭槍擊，其嚴重性已經上綱至國家安全層次，真是一場名副其實的「血腥」選戰啊！

而選舉結果雙方只相差29518票，就僅是0.228百分比的差距，更是一場充滿「天意」的選舉結果啊！這個結果彷彿將台灣割裂成百分之五十的綠跟百分之五十的藍，這個「極化」的結果使得台灣未來充滿不確定性。泛藍在選後於總統府前的抗爭，即是一個「百分之五十」的演出情節。泛藍所提的驗票、檢驗選舉過程等皆有法定程序可以進行，所以這是有其程序過程可以解決的，相較於未來的挑戰，顯得枝微末節。所以選後重點不再只是儘速解決這個「歹戲拖棚」的續集，更重要的是阿扁總統要如何展現出大格局來消弭這「百分之五十對百分之五十」的社會衝突。

二〇〇〇年政黨輪替是阿扁總統第一次可以展現「雍容大度」的機會，但他錯過了，核四廢除與否的操作失當，與連、宋見面過程的操作失當，加上迷信「全民政府」的可行性，這些都種下在野黨「玉石俱焚」的情緒性策略。二〇〇四年總統大選後阿扁總統連任成功，這將是一個新格局的開始。民進黨首度在全國得票率超過百分之五十，陳水扁在黨內將無可撼動，黨內共主的地位再次確立。

總統府秘書長邱義仁表示，選後民進黨將會籌組國會多數聯盟，解除「少數政府」的困境。但是這個說法並不精確，民進黨在國會不過半，加上台灣社會泛綠泛藍的壁壘分明，勝選後的陳水扁更應謙虛傾聽另外百分之五十的聲音。筆者認為要有效確立穩定的政治局勢，不單是籌組「國會多數聯盟」，更具體的是要體認國會實力的現實，釋出部分政治資源與對

方分享，籌組「聯合政府」將是勢在必行。唯有透過政治資源的分享才能有效解決政治上的尖銳對立，也唯有落實民主原理的比例分配原則，才能塑造出「穩定的多數」。

台灣已經站在關鍵的十字路口了，朝野的政治領袖應展現更寬大的格局，面對台灣的未來，這一刻的歷史將代表著無可取代的份量，連宋擁有百分之五十的政治份量，更應誠實面對結果，重整腳步再出發。而陳水扁總統更是將為自己和台灣完成歷史定位，這是總統陳水扁的使命。

（摘自【南主角】雜誌第39期專欄文章）

政治計算或政治是非

民主的道路是艱辛的，台灣可以進入民主「已開發」國家，有著長期奮鬥的歷史過程，台灣社會長期因為「國家認同」差異性的因素，使得社會中有著相互不信任的因子，國親支持者的街頭抗爭，此幅圖像的出現，則讓人有不勝欷歔的感嘆，想想過去台灣爭取民主的過程中，街頭的抗爭有其歷史背景，當時的人們也具有強烈的使命感，爭取的是「政治參

此一時也，彼一時也，計畫永遠趕不上變化。唯有以大氣度包容不同的意見，才能共創合諧進步的明天。

與」，而如今這些抗爭卻有著太多的政治干預，每一盤棋都在計算著政治利害，國親支持民眾的抗爭要不要繼續，國親的政治人物都以會不會影響政黨存續？會不會影響年底國會大選來考量，如此政治計算大於政治是非的思維模式，讓人深深感受到那些抗爭小百姓的熱情已被深深傷害了。

然而最令人感到突兀的是，當親民黨主席宋楚瑜站上宣傳車向抗爭民眾演講，說的話語竟然跟他「做大官」時有著一百八十度的不同，他會想到當初擔任新聞局長時箝制言論自由的荒謬嗎？民進黨前主席許信良絕食抗爭時，他周圍的政客不正是當時要抓他、叫他不講話的人嗎？想想難道這是「歷史的偶然」嗎？從這般歷史走過來的民進黨展現了最大的自制，將可能的衝突消弭，這是一種智慧的表現，但是警政署下令驅離「中正廟」前絕食靜坐的大學生，卻是一種權力傲慢的失誤，想想當時十多年前在那靜坐的大學生，現今不正也坐在辦公室內處理這些抗爭事件嗎？馬英九身份的錯置，一下「馬市長」一下「馬總幹事」，更是政治人物只思利害不思是非的原形畢露。

時空換置，景物依舊在，人事卻有著不同的光景。當時抗爭爭民主自由的人如今擁有了權力，相信想起初衷時內心仍會有所感慨吧！經過槍擊事件，人生一個不可預期的變化，相信陳總統和呂副總統心中的澎湃是外人所不知的，從過去美麗島事件向當權的挑戰，經歷多少前輩的犧牲，如今才換得台灣「大鳴大放」的真實自由。台灣社會面對「百分之五十」的拉扯，需要大氣度來包容，陳總統在槍擊後第一次與五院院長茶敘時，所呈現出來的氣度和真情流露，正是現在所需要的。

執政了！而且是連任了，陳水扁、呂秀蓮當選不是個人的勝利，而是台灣社會長期累積對改革期許力量的勝利。責任重了！面對台灣人民，擁有權力者越要謙卑，包括對國親支持者也是如此。而在面對各種政治勢力的挑戰，甚至政客的挑釁時，也應當正面迎戰。台灣政治改革的過程，這一段歷史的周折不是偶然，但也非必然，而是歷史偶然中的必然。

（摘自【南主角】雜誌第40期專欄文章）

KMT站起來!

陳文茜出過一本自傳「文茜半生緣」，我看可以大大修改重新出版，把她跟國親兩黨的恩怨情仇再次道出，相信銷售量應該會不錯。陳文茜充滿爭議的作風，像是一本小說似的，每個人對她的評價不一，但不管評價如何，會引發如此大的討論倒是台灣的一個怪現象，其實對台灣的大局而言，她實在是微不足道。或許我們就把她看成是馬路花絮，增加一些媒體的八卦討論即可。然而，國民黨將敗選之因怪罪於陳文茜，這樣的論述才是我們所應擔心的。

國民黨執政五十多年，四年前政黨輪替，我們除了關心新政府必須帶來新氣象之外，從另外一個面向，我們也希望台灣從此可以進入一個「政黨政治」的民主運作常軌，在野黨也可以本於社會責任，強力監督執政黨政府，朝野良性競爭，這才是我們所願。但是從這次選舉結束後，姑且不論國親聯盟所提「驗票」、「真相調查」、「街頭抗爭」等等訴求，光是國民黨的體質改革，竟是一股保守風，「擁護領導中心」反成了唯一主軸，或許有人會說那是國民黨的家務事，但在民主政治中，政黨早已成為準國家機關，政黨的改革將牽動整個國家的發展氣息。而在我們期許國民黨至少可以成為一個強而有力的反對黨的同時，這個最大在野黨竟然將選戰責任推諉給一個「客卿」，如此的格局實在叫人不敢苟同。

國民黨是一個相當具有「反省」能力的政黨，只不過他都在反省別人而不是反省自己。敗選了，「反省」民進黨、「反省」陳文茜、「反省」選務機關，就是從來沒有反省自己。在民進黨繼續執政四年下，我們依然相信權力使人腐化，我們依然相信要有一股清新有力的在野勢力來幫我們看好政府，但現在我們實在不敢奢望國民黨可以扮演這個中道角色，因為他只會怪東怪西，國民黨早已成為一個「怪東西」。

國民黨未來的路很簡單，全在領導者的一念之間，世代交替勢在必行，全面換血才是良方，黨主席交棒、中常委重新選出、各地方黨部主委大量換血，大量重用四十歲左右的中生代，如此國民黨才有可能改頭換

面，連戰才有機會在國民黨留名，再一次獲得台灣人民的尊重。這是對國民黨的良心建議，不然年底立委選舉過後，國民黨將走入崩盤的絕境，將由親民黨取而代之。若是親民黨成為最大在野黨，國民黨將陷入永劫不復的境地，我想這也不是台灣人民所樂見的，畢竟國民黨也曾為國家培養出相當多的人才，一個「家大業大」的國民黨就此沒落倒也可惜啊！

（摘自【南主角】雜誌第41期專欄文章）

憲政體制往哪走？

不久前車臣總統被暗殺了，車臣紛紛擾擾許久，國家長期處於一個不穩定的狀態下。車臣可沒像台灣那麼好運，我們的總統、副總統遭受槍擊，幸好天佑台灣，兩人皆無大礙，不然台灣政局會呈現怎樣的狀況實在無法想像，難怪有宗教人士說台灣是一個有福報的地方。

拉不拉多常被訓練成導盲犬，帶引盲人走上安全平坦的道路。我們的國家要前進，也需要睿智的領導人來帶領。

台灣社會是經不起如此動亂的，總統的安全相當重要，其實在世界各國元首的安全皆是如此，所以所謂元首級安全規格是有一定標準的。但我們不是要談元首的安全規範，而是要談怎樣的憲政體制對於台灣這個政治體系而言是比較適當的。望盡世界各國的政治制度，總統制和內閣制是主流，當然了！每一個國家的政治制度發展都有其歷史背景，依據各自的社會需求而產生政治制度，像是法國的雙首長制就是其歷史的演變，為了使得政治系統可以比較穩定，而發展出這種特有制度。

二〇〇四年總統選舉結果出爐，真的發現每一票都是「神聖的一票」，在規模如此大的全國性選舉中，雙方的差距不過是兩萬多票，無怪乎兩次參選皆失敗的在野政治領袖會如此不服，這是人性。我們對於這兩人實在很難期待該有運動家的大格局氣度。這一屆如此，我們難保下一次的參選人不會如此。台灣社會的歧異性相較其他國家並不大，不像有些國家種族差異相當大，社會穩定性可能相當程度比較難以確保。但是台灣長期處於國家認同的差異性，和對岸國際空間的打壓，加上政治人物的操控，使得台灣社會的穩定性已逐漸走向臨界點了。要有效解決這樣的現實狀況，政治制度就必須要有符合這個需要的改革。

在陳水扁總統宣稱台灣要有新憲法的同時，姑且不論是制憲還是修憲，但對於台灣憲政體制的改革是一個新契機，我們應該徹底討論台灣應走向怎樣的政治制度，是總統制、內閣制還是有新發明。在歐洲國家中，內閣制是一個主流，當然他們有許多國家都是採君主立憲的體制，像是英國。但也有共和國型態也採內閣制，例如德國。這樣的歷史發展下，國家系統的穩定相對高許多，因為透過兩黨「單一選區」或是多黨「有比例代表制」的政治制度，政治權力的取得顯得不是那麼激烈，因為不是大規模一對一的選舉型態，或是適度的政治權力分享，例如聯合政府，歐洲國家的左派右派兩大集團區隔，或是像日本自民黨和公明黨小規模的聯合，但他們都有一個特點——穩定。

台灣該走向怎樣的政治體制，此時已是刻不容緩了，面對可能隨時有大變動的社會現況，我們不能老是依賴老天給我們好運，或許內閣制是一個很好的思考方向。

（摘自【南主角】雜誌第42期專欄文章）

國會大選是「政治大清倉」的最佳時機！

政治舞台上唱作俱佳，舞台下暗潮洶湧，競爭之外，也需要合作才能完成夢想。

距離年底國會大選僅剩半年，各政黨皆在為年底的選戰各施其力，民進黨和國民黨各自進行初選工作，而媒體和民眾似乎只對「誰」來參選有興趣。國民黨北市北區因章孝嚴和蔣方智怡的參選而有「蔣家之爭」的八卦效果，最後蔣方智怡受到各方壓力而退出初選。諸如此類的選舉花絮層出不窮，是很有媒體效果，讓大家談起來「很爽」，但是對社會卻一點正面意義也沒有，純粹只是政治八卦而已。

年底的選舉議題有許多可藉由選舉過程釐清，讓民眾充分了解各政黨主張的異同，進而加以選擇。如國會改革中，各政黨主張席次減半、單一選區兩票制等，但是這個看似有共識的政策，在國會仍然是「只聞樓梯響，不見人下來」。既然大家都說好，那為何無法進行，這些政黨領袖和立委候選人有必要來與民眾說明清楚，明白地提出各自的主張，以便人民檢驗，不然這些立委諸公們和政治人物高層也騙人民太久了。

憲政改革是台灣未來的重要政治工程，究竟各黨的主張是什麼？或許應該要提出具體主張，進行公開辯論，甚至要求各政黨不分區的立委針對這些議題進行辯論說明。但是在台灣這種泛政治化的社會文化中，有些議題卻易遭到扭曲和污名化，台灣究竟要採總統制或內閣制，將會被政治化，這是何等嚴肅的議題，但是不管執政或是在野的政黨，彷彿都是為了政治利益而盤算。

國親兩黨長期反對制憲，而對於修憲，也在李登輝時代修到不能再修了，過去卻從未聽說主張內閣制，就算有人提出也不過是「雷聲小，雨點也小」。而在兩次總統大選失利後，內閣制卻好像成了黨內主流，似乎「輸不起」的陰影仍存在國親兩黨中，讓人覺得國家利益算什麼？政黨可以取得政權才重要。試問，年底國會改選，泛藍成績若不佳，泛藍陣營是否又會有不同的說法呢？請泛藍陣營尊重一下內閣制吧！

民進黨黨內至少長期主張總統制，讓人尊敬一些。但是對於未來是制憲抑或修憲，則是曖昧不明，對於國家憲法該何去何從，這種態度實在不對。有任何主張都必須明確，為選票計算是不道德的，應該由各政黨明確提出主張，讓選民來取決。甚至各政黨應該針對過去所提的政見，實現多少、為何不能完成等，提出說明，才能落實責任政治和政黨政治的精髓。

總之，這一次的國會大選是「政治大清倉」的最佳時機，將過去各政黨的主張回顧一下，相信九成九是「說得多、做得少」，這一次人們要睜大眼睛看看這些政治人物又要說些什麼了。

（摘自【南主角】雜誌第43期「南方眾議院」專欄）

老天爺給台灣一個新機會

七二水災淹出許多問題，淹出了國土開發問題，淹出了人們僥倖的心理，淹出了政客口水掛帥的心思，更淹出台灣未來發展的危機。這些問題在在都需要及時改善，不是口頭説説就行了，政府應該更嚴肅地看待這些問題，這些可是人命關天啊！若還是無關緊要，台灣恐陷萬劫不復之地啊！藉由這次事件，大家痛定思痛，或許也是老天爺給台灣一個機會。

接下來國土整體的重新規劃將是刻不容緩，雖然人非定能勝天，將來的天災將如何發生誰也沒個準，但是讓台灣的土地有個休息的機會是相當重要的，不管是過去或是現在的執法者老是得過且過，對於人情總是排在法理之前，當然對於土地濫墾濫伐的狀況無法有效管制。成立一個專責單位對於全國國土進行重新評估和管制，賦予更多的公權力來執行，才有可能做好國土整體的重新規劃。

七二水災發生後，我們看到是媒體的搶新聞和炒作，這些都無可厚非，只是對災情似乎沒有太多的助益。但最可怕是政治人物的口水之爭，年底選舉到了，不知道這些「準候選人」是不是又將七二水災當作「助選」的好時機。立法委員諸公針對七二水災發生的過程應該有所了解，對政府可能失職的地方也應加以針砭才是，更應該提出具體改進的方案來，不然我們選出這些立法委員幹嘛？

所以對於七二水災的發生，我們應該重新調整心態，不是在事件發生時關注一下就算了。當然囉！物資捐助這些行為，是一種社會大愛的表現，但是台灣社會目前似乎並不缺乏這樣的幫助，缺乏的是長遠的視野，對於事件發生後整個追蹤和了解，並且提出宏觀具體的政策出來。對於政黨輪替的民進黨政府我們有這樣深刻的期許，不然台灣人民也太「衰」了，走了一個逐漸腐敗的國民黨政府，而標榜清新效率的民進黨政府又沒有積極作為，這樣就太令人失望囉！

老話一句，年底的立法委員選舉又是一個好機會，不要被什麼「要過半」、「要監督」這種藍綠衝突的政治口號所迷惑，應該注意連任者有沒有盡到責任，以及這些新人又提出了怎樣的新願景。就如筆者之前提到的，各政黨的主要不分區代表應該出來辯論，針對國政大方向提出具體看法，讓人民了解你們在想什麼，你們為何有能力可以完成你們提出的方案，讓我們這一群「頭家」好好想想要投給誰！

歷史是珍貴的，每一次的教訓更是刻骨銘心，對於七二水災，政府應該負起更多的責任，完成災後重建的工作。台灣人民和政府不要健忘，這樣才能對得起那些在災害中失去所有的同胞啊！

（摘自【南主角】雜誌第46期專欄文章）

高知名度等於高支持度???

年底的立法委員選戰「一堆人」要參選，除了各黨提名人選之外，像是許純美、柯賜海等「怪咖」也紛紛展現參選的動作。在民主制度行之有年的國家，這樣的現象並不特別，例如義大利的AV女優小白菜就當選過國會議員。所以越多「怪咖」參選也無可厚非，有時也能為嚴肅無趣的政治增加一些趣味。

而演藝圈「想」要參選或傳聞有政黨爭取的人不在少數，像是吳宗憲、李明依、大美女蕭薔，而「好久以前是影帝」的柯俊雄更是通過國民黨黨內初選獲得提名。人人都想成為「阿諾史瓦辛格」，甚至是美國前總統「雷根」。希望透過高知名度的優勢，迅速進入政壇打響另一個名號。當然台灣過去或現在藝人從政也早已不稀奇，早期的張帝（張志民）、葉啟田（葉憲修），現在的高金素梅、歐陽龍等都是。當然這些人的當選，也呈現出台灣多元社會的一面，和在台灣社會高知名度所擁有的優勢。

然而在台灣逐漸度過陣痛期的民主深化過程中，優質政治的條件應該要逐漸具備。參選人或多或少在從政前會有除了從政之外的工作背景和經歷，但不管曾經做過什麼工作，只要是正當、合法的，其實都無所謂。但是我們關心的是這些參選人過去參與公共事務、了解公共事務的歷程跟能力。阿諾州長過去長期以來對愛滋病、對兒童福利參與甚深，而且那種參與不是以藝人身份代個言、說個話而已，而是親自參與活動、甚至共同擬定政策，雷根更是長期在演藝工會為勞工代言。反觀國內一些高知名度的（擬）參選人，或許會是曝光率高的媒體寵兒，但若要他們對政策說出個所以然，目前他們「好像」都還沒有特殊表現。

為台北縣議員、鄉鎮市長候選人助講，這時我可是馬不停蹄的到處跑，累積不少經驗。

台灣就是有太多「奇能異士」擔任民意代表，使得我們的議會殿堂無奇不有，這些諸公諸婆們老是荒腔走板，重點就在於「訓練不夠」、「社會要求不足」。

「訓練不夠」是指在公共事務的參與上，沒有實際經驗跟草根的投入，只憑藉高知名度來投入選舉，而台灣民衆也因爲「社會要求不足」，憑藉媒體的印象和塑造浪費了一張選票。

其實「藝人」或「名嘴」從政我們也鼓勵，只是對於他們參與實際公共事務的表現應更加要求才是，這樣台灣的民主優質工程才能逐漸向前邁進。

其實依台灣目前政治人物的表現，恐怕用「慘不忍睹」來形容也不為過。人人都在辦「演講比賽」、「作文比賽」，對社會的生產力一點也沒幫助。倒不如邀請超級大美女蕭薔和林志玲來擔任公職美化畫面，還比現在這種「侏儸紀公園」一般的政壇好呢！

（摘自【南主角】雜誌第45期專欄文章）

給年輕人一個有希望的未來吧！

選戰開打後，陳總統的「柔性政變」說立刻引起政壇一大論戰，藍綠雙方各使出因應方案，希望可以在選戰中獲利。阿扁總統的攻勢就像大砲般力道十足，泛藍陣營的力道卻像小手槍稍嫌微弱。在選戰中看到雙方你來我往似乎相當過癮，但是靜下心來想，這些政治語言對我們的生活似乎沒多大助益。這是一場重要的選戰，在政治結構上，是陳水

學辦學生參選權記者會。（左為立委段宜康、左二為立委卓榮泰、左三為立委陳其邁）

扁總統連任後的國會改選，是否會改變台灣國會政治版圖？是否會改變國會朝小野大的狀況？政治觀察家和國人全都摒息以待，像在看熱鬧似的。但如果我們只以如此的態度參與民主政治，那也未免太兒戲了。

有候選人提出具體政見嗎？有哪個陣營說如果國會席次過半要如何改善我們的生活嗎？有哪一個政治人物表示在選了他們之後要具體推動哪些法案嗎？好像太少了。就算有，在台灣嗜血的媒體生態中也灰飛煙滅了。這是一個怎樣的社會態度呢？公民社會的良善型態難道在台灣真的無法落實嗎？一個經過五十年才獲得民主進程的台灣社會真的要如此悲情嗎？這是一種對社會的態度，包括政治人物、媒體輿論、還有我們自己，要如何面對我們的生活，這也是一種生活態度。

在大學兼課一段時間，看到我的學生每天忙著上課、下課，為了未知的未來搜尋著，常在想他們的未來到底是什麼？在大人的世界中，他們到底扮演怎樣的角色？每次選舉，每個陣營都會大聲強調要爭取年輕選票，但政治人物又做了多少關心年輕朋友的事情？派出幾個年輕人跳跳舞、演演行動劇，這樣就夠了嗎？一場青年國是會議也是雷聲大雨點小，真的有符合年輕人的需求嗎？還是像連戰一樣自以為跟年輕人一樣打扮年輕就會惹人喜歡？不論是在朝或在野，對於青年政策都太膚淺了，在自以為是的「青年政策」下，對於下一代的培育工作，都在這些政治紛爭中被忽略了。

身為選民的我們應當勇敢表達我們的需要，而身為年輕人更應如此，但這是一種循環論證，由於我們缺乏公民訓練的過程，年輕人不喜歡參與公共事務，使得政治領導階層忽視年輕族群，也因為這些忽視使得年輕朋友對公共事務更加冷感，對公共事務的判斷也常用常識甚至是直覺來處理。近幾年的教育政策希望培養年輕朋友獨立判斷能力，但實際上我們的大學教育、社會教育卻是背道而馳。政治人物的表現更是一種負面教材，因為這些政治人物只會「大聲」，「大聲就會贏」，不論有無實際的論述，這種「大聲就會贏」的氣氛，只會給年輕人帶來永遠徬徨無奈的未來啊！

（摘自【南主角】雜誌第48期專欄文章）

關鍵時刻，謙卑爲台灣

國會大選結束了，泛藍（國親新）依然過半、民進黨依然是國會第一大黨，這樣的國會結構依然保持原狀，但是社會似乎給了這個結果太多意義，其實有其社會意義的不是「結果」，而是選戰過程跟選後各陣營對外的表現。

民進黨面對不如預期的結果表示敗選，其實對照二〇〇一年立委改選，謝長廷

「進步火車頭，中央加油團」開拔到嘉義縣為陳明文縣長輔選。（左至右：秘書處副主任夏梓晏、婦女部主任何碧珍、財委會執行長張鴻銘、黨主席謝長廷、組織部副主任謝明璋、青年部主任阮昭雄）

主席帶領的民進黨第一次成為國會第一大黨，選戰過程中在技術層面上與台聯保持一定友好關係，提名名額不過當的情形下，真正反映出民進黨在選票上應有的席次，第一次為民進黨在國會大選中打贏選戰。三年後的今天，民進黨中央喊出「泛綠過半」的目標，想以總統勝選的氣勢趁勝追擊，結果卻不如預期。

大選結束了，民進黨乃至於泛綠要過半並不簡單，那是因為民進黨並沒新的論述出現，有的只是選舉口號和語言，由於民進黨已經執政了，並且也進入連任的任期，所以目前現況可說是民進黨國會席次的極限了，沒新議題哪會有新選票？未來民進黨如何出現新的論述，這是需要思考的。雖然未來兩年沒有中央級的選舉，不過阿扁總統所提的新憲法議題將不斷被提起，所以在「國家定位」跟「兩岸關係」上還是避免不了衝擊，而民進黨在這兩個議題上也必須要有創見。

政府的政績自然相當重要，如何表現好政績就是一個關鍵，政績好是執政黨面對各項選舉時最佳的「產品」，有了好產品才會有好的行銷跟好的包裝，本末倒置是無法獲得選民的認同的，民進黨沒好政績再怎麼選國

會也不過半。所以民進黨政府如何在本屆任期內有傑出的表現，就有賴陳總統跟行政團隊好好努力囉。

國會大選後，民進黨展現出不同於其他陣營的運動家風度，承認選舉結果，並且反躬自省，陳水扁主席在第一時間為敗選負責，辭去民進黨黨主席，反觀國民黨的政治文化儼然形成強烈對比。責任政治，這是一個良善的表現，對社會產生正面的示範，這是好事。畢竟台灣這幾年來每回選舉，每每都會撕裂社會情感，這是政治人物的錯誤示範所導致，有人不只不認輸、還不認錯，這些都是社會動亂的來源。如何平撫台灣的民心，如何讓人民感受到安定的社會氣氛，是每個政治人物要思考的。

「政績、風範表現、謙卑為台灣」——這是執政黨大格局的表現，民進黨要成長，這是一個關鍵時刻，這一次的選舉結果只不過告訴民進黨不可太得意忘形，人民正在考驗著民進黨綠色執政的品質，努力吧！這樣的台灣才有希望。

謝市長VS.謝院長——一個艱鉅的挑戰

二月一日是台灣政治上一個重要的日子，我們將有一個「新內閣」跟「新國會」。在陳水扁總統宣布由高雄市長謝長廷組閣後，新內閣的組成輪廓逐漸浮現，一個令人期待的「協商內閣、安定內閣」將面臨新挑戰。台灣的政壇在這一週可謂是「黃金一週」，政壇的結構如何形成，將會牽動台灣未來的各項變化，除了硬體的人事結構外，未來要塑造什麼樣的軟體、何種政治文化更是另一個令人期待的過程。對長期推動新文化運動，強調「合作共生」的謝長廷院長而言，將是大展身手的時候了。

新內閣二月一日即將上任，新國會也將同時上路，雖然新國會的政治結構、政治版圖已然定案，但更重要的是新國會與新內閣將如何互動。在相對已定位為「安定內閣、協商內閣」的謝內閣，新國會又是怎樣的風景

國會助理研習班結訓座談，時為黨主席的謝長廷與青年學子進行一場精彩的對談。我們兩個人的表情有趣吧？

呢？難道又是一個「杯葛國會、民怨國會」嗎？這需要朝野政治領袖的政治智慧，跨出那一步需要大格局的思維跟心態，在喧鬧不休的台灣政壇，這將是關鍵中的關鍵。被媒體譽為「智多星」、「身段柔軟」的謝院長將更被期待，期待他可以早日替台灣的政壇文化增添一些些柔和的色彩。

民調從三十幾爬升到八十，謝長廷市長和其市府團隊度過了最寒冷的冬天，如今已逐漸感受到春天來時的一絲絲溫暖。那是一種堅持的態度，從謝長廷毅然決定南下參選高雄市長時，並非空坐台北參選市長，而是在選前兩年到高雄購屋、生活在高雄，切切實實地做一個高雄人，那種踏踏實實的心態，正是「高雄經驗」可以逐漸發酵的關鍵。高雄人引以為傲的「高雄經驗」，要如何套用上未來的「台灣經驗」，又是謝市長要成為謝院長時最需要的功課吧！

對謝院長而言，人文的素養、對事情的態度、豐富的情感，是他最為優勢的特點。在高雄市長任內，謝市長面對「朝小野大」的府會關係，以耐心和相當務實的態度處理與議會的互動；我們看到的是一位有如倒吃甘蔗一般漸入佳境的謝市長。如今卻有太多的挑戰等著謝院長，面對依然是

「朝小野大」的立法院，要如何互動考驗著謝院長的智慧。在媒體聚焦下，謝院長的特點將會成為其最大的助力，我相信在不久的未來，謝院長依然會像當時的謝市長一樣面對國會的互動，完成他常說的「雙贏」局面。

國內的政局變化莫測，朝野政黨充斥著相互不信任。即刻建立一座溝通的橋梁是相當重要的，不僅是朝野之間必須營造信任的基礎，更需要建立民眾對政治人物的信任感。一個相互不信任的社會是不健康的，但所謂上行下效，政治領導者的相互表現，會直接影響社會的觀感。在國會改選後，陳總統頻頻對在野黨釋出善意，雖然目前還沒受到相對的回應，但是相信在陳總統將朝野和解列為最高原則後，身為新閣揆的謝院長憑藉著其個人的優勢和特質，達到陳總統這個任務是相當樂觀的。

兩岸關係早已成為國內政治和國際關係的關鍵議題，處理兩岸關係首要條件仍是「耐心」，中國方面的動作雖然粗魯霸道，但台灣依然有優勢，在價值觀和民主制度與主流價值相符的前提下，仍有運作的空間。國防、外交、兩岸關係，陳總統依然扮演強勢主導的角色，但要如何與陳總統有其合作默契跟適度分工是相當重要的，有人云：「治國如烹小鮮」，謝市長在轉換成謝院長時，這些議題將成為謝院長的首學之要。

謝內閣準備上路囉！這條路要如何走得順，台灣人民又將如何看待這個「扁長合作」的政治新局，謝市長VS.謝院長！謝院長將挑戰謝市長，最嚴峻的挑戰將從現在開始。

（摘自【南主角】雜誌第50期專欄文章）

讀書筆記

廣 告 回 信
臺灣北區郵政管理局登記證
北 台 字 第 8719 號
免 貼 郵 票

106-□□
台北市新生南路3段88號5樓之6

揚智文化事業股份有限公司 收

□□□-□□
地址： 市縣 鄉鎮市區 路街 段 巷 弄 號 樓
姓名：

書號 L4307 書名 政治也可以這Young—阮昭雄的政治新主張

葉子出版股份有限公司

讀・者・回・函

感謝您購買本公司出版的書籍。
爲了更接近讀者的想法，出版您想閱讀的書籍，在此需要勞駕您詳細爲我們填寫回函，您的一份心力，將使我們更加努力！！

1.姓名：___________

2.性別：□男 □女

3.生日／年齡：西元______ 年_____月 _____ 日____歲

4.教育程度：□高中職以下 □專科及大學 □碩士 □博士以上

5.職業別：□學生□服務業□軍警□公教□資訊□傳播□金融□貿易
□製造生產□家管□其他__________

6.購書方式／地點名稱：□書店_____□量販店_____□網路_____□郵購_____
□書展_______□其他____

7.如何得知此出版訊息：□媒體_____□書訊_____□書店_____□其他_____

8.購買原因：□喜歡作者□對書籍內容感興趣□生活或工作需要□其他

9.書籍編排：□專業水準□賞心悅目□設計普通□有待加強

10.書籍封面：□非常出色□平凡普通□毫不起眼

11. E－mail：______________________________

12喜歡哪一類型的書籍：______________________________

13.月收入：□兩萬到三萬□三到四萬□四到五萬□五萬以上□十萬以上

14.您認為本書定價：□過高□適當□便宜

15.希望本公司出版哪方面的書籍：______________________________

16.本公司企劃的書籍分類裡，有哪些書系是您感到興趣的？
□忘憂草（身心靈）□愛麗絲（流行時尚）□紫薇（愛情）□三色堇（財經）
□ 銀杏（健康）□風信子（旅遊文學）□向日葵（青少年）

17.您的寶貴意見：
____

☆填寫完畢後，可直接寄回（免貼郵票）。
我們將不定期寄發新書資訊，並優先通知您
其他優惠活動，再次感謝您！！

根

以讀者爲其根本

莖

用生活來做支撐

葉

引發思考或功用

獲取效益或趣味